Bettina Dal Bosco

Uomini e Torte

Come cuocere, farcire o bruciare il maschio dei tuoi sogni

GIUNTI

www.giunti.it

via Bolognese 165 – 50139 Firenze – Italia
via Dante 4 – 20121 Milano – Italia
Prima edizione: maggio 2012

Illustrazioni: Caterina Giorgetti

Ristampa	Anno
6 5 4 3 2 1 0	2016 2015 2014 2013 2012

Indice

Premessa

L'amore ai tempi della flessibilità

Non so voi, ma io, quando ero bambina, due cose volevo nella vita: un lavoro da pasticcera – ma anche da archeologa o da santa – e un amore infinitamente passionale e duraturo. Mia madre, che era un tipo pratico, mi suggeriva di studiare e di trovare un posto fisso – archeologa, pasticcera, santa, si vedrà – e di agganciarmi a un bravo-ragazzo-onesto-lavoratore, perché la passione, se proprio deve, arriva, ma solo il matrimonio dura. E così sono venuta su convinta di poter avere capra e cavoli: un posto fisso che mi piacesse un sacco, e un amore integrale: intenso e sicuro.

Ma mia madre, poveretta, non aveva fatto i conti con lo spirito dei tempi. Il giorno in cui mi ritrovai con il titolo in tasca, il posto fisso era diventato un privilegio di pochi e l'amore sicuro una leggenda metropolitana. Infatti, mentre mi destreggiavo con elegante dinamismo tra un call center e un babysitteraggio, fui costretta a constatare che anche la mia vita sentimentale era soggetta al nuovo vento dell'insicurezza. La flessibilità era arrivata fin lì, sfilandomi sotto il naso non solo il sogno del grande amore ma anche il bene rifugio del buon partito.

Precarie!

Eppure, in teoria, sotto i cieli di *Sex and the City*, in epoca di coppie di fatto, liberi amori e liberi divorzi, il mercato sentimentale avrebbe dovuto sprigionare chissà quali energie e opportunità. Nella realtà, la liberalizzazione degli affetti ha prodotto un esercito di precarie, flessibili e sottoccupate: vittime di contratti a termine, terrorizzate dal fantasma della propria scadenza; costrette a cumulare avvilenti collaborazioni occasionali; coinvolte in relazioni-stage che non decollano mai, sempre in prova per un compenso da fame. E, mentre gli uomini possono contare su un campionario femminile quasi sterminato, per noi la scelta sembra ridursi di giorno in giorno, e pescare un compagno decente sta diventando più difficile che trovare un paio di sandali numero 38 l'ultimo giorno dei saldi.

Cattivi investimenti

C'è chi obietterà che la penuria maschile è un dato antropologico: che nel mondo ci sono sempre state più donne che uomini. Vero, ma rispetto alle mitiche prozie zitelle – in pace con se stesse – noi figlie della flessibilità siamo più consapevoli, più belle, più irrequiete. E più agguerrite. Sfortunatamente in questa battaglia alla ricerca dell'Amore ci muoviamo come un esercito allo sbando, ricorrendo ad armi inadeguate e raccattando il bottino alla cieca, là dove, invece, bisognerebbe agire con la precisione del cecchino o, se preferite una metafora meno aggressiva, con l'astuzia dell'investitore professionista. Al contrario, più il maschio scarseggia, più ci facciamo prendere dal panico e investiamo tutte le nostre risorse in titoli truffaldini: disposte a chiudere un occhio, o magari due, pur di acciuffare un pollo, giurando a noi stesse che, forse non si vede, ma sotto sotto è un falco.

Va bene, direte, ma che c'entra tutto questo con le torte?

C'entra, c'entra. Pensate al classico giorno libero della dieta: non divoriamo fameliche qualsiasi cosa, barando sulle calorie, arraffando il più insulso dei dolcini confezionati pur di ingurgitare un po' di zuccheri? Non sarebbe più sensato investire "oculatamente" in un dessert che ci dia il meritato piacere, senza nuocere al nostro equilibrio metabolico? Certo che sarebbe il caso: niente è più spiacevole che ingrassare senza soddisfazione.

Che c'entrano le torte con gli uomini? Un attimo di pazienza.

Le torte...

Il mio titolo di studio, sì il famoso titolo che la mamma aveva tanto caldeggiato, consisteva in una laurea in Filosofia. Ai tempi mi sembrava il percorso di studi ideale per realizzare le mie aspirazioni da santa – avevo scoperto che gli archeologi facevano una vita da talpe e non indossavano nemmeno il caschetto coloniale – ma scoprii presto che, professionalmente parlando, era giusto spendibile per una carriera da telefonista. Sarebbe stato bello avere almeno uno straccio di compensazione sentimentale, un compagno fedele, un amante intrigante, un amico un po' speciale. Macché! Diciamocelo, non battevo un chiodo: soldi pochi, lavori da schiava e uomini da discount quotati come articoli di boutique. Mi era rimasta solo la pasticceria. Ma dopo un corso alquanto dispendioso, compresi che sarei stata molto più professionale come consumatrice che come artefice. Inutile farsi illusioni: non avevo il dono; gli impasti mi si ribellavano anarchici o mi s'incollavano agli avambracci con esiti disgustosi, le creme impazzivano solo se le guardavo, mentre la panna mostrava un'ingiustificata tendenza alla depressione.

… Gli uomini

Mi resi conto con stupore che gli uomini che incontravo si comportavano esattamente nello stesso modo: erano sordi a ogni richiamo, sentimentali, appiccicosi e piagnucoloni; chi non aveva la tendenza a dar di matto si gonfiava e smontava per un nonnulla. Infine, quelli che facevano i duri, i bulli, i vissuti, si rivelavano sempre, ma dico sempre, indietro di cottura.

Fui presa dallo sconforto: ero forse io il problema? Gli uomini e le torte, due aspirazioni che coltivavo con devozione fin dall'infanzia, non facevano che darmi dispiaceri.

Che cosa non andava in me?

Sfogliavo i ricettari e mi appostavo malinconica davanti alle pasticcerie come un'amante respinta, viceversa osservavo gli uomini come una pasticcera fallita... finché un giorno, davanti a una vetrina traboccante di peccaminosi dessert, tra una lacrima di nostalgia e una di desiderio, vidi accendersi la scintilla della Rivelazione.

La verità era semplice, pura ed evidente: le torte sono come gli uomini e gli uomini come le torte.

Uomini e torte

Mi era accaduto quel che accade ai mistici dopo lunghi periodi di digiuno.

Ora, davanti a quella vetrina, finalmente, capivo: ogni esemplare dolciario era la perfetta rappresentazione di un "imperfetto" tipo di maschio.

Ed ecco che la debolezza di una sfoglia mi si svelava, accanto all'ipocrisia di certe glasse, mentre la semplicità di una frolla si contrapponeva al lato oscuro di molti, discutibili ripieni.

Quante volte avevo notato caratteristiche analoghe nei miei amici? Le torte si aprivano, si confessavano, si denudavano davanti ai miei occhi così come mi era accaduto nel corso degli anni ascoltando o anche solo osservando gli esemplari del mondo maschile. Possibile che quel Profiterole così tronfio di bignè soffrisse in realtà di un inconsolabile bisogno di radici, mentre il piccolo

Île Flottante si compiaceva anche troppo della propria libertà? Perché la Sbrisolona, di solito così amichevole e casalinga, manifestava preoccupanti tratti nevrotici? E la Sacher? Che ne era della torta elegante e affidabile che conoscevo? Da dove veniva quell'anima appiccicosa e informe che trapelava dai suoi pori al cioccolato?

Una nuova disciplina: la Tortomanzia

Decisi così di mettere a frutto la Rivelazione e di farne uno strumento di indagine utile a tutte le donne che come me erano vittime di uomini ricchi di calorie ma avari di soddisfazioni. Gli anni e l'esperienza mi hanno portato a perfezionare l'intuizione originaria, ad avvalermi di altre risorse, filosofia, psicologia e astrologia fino a "impastare" le basi di una nuova disciplina che cerca timidamente di farsi strada tra le scienze umane o le arti divinatorie. Il ricettario che tenete tra le mani è il frutto di questo lavoro.

Anche se potreste crederlo, i ritratti che trovate in queste pagine non hanno nulla a che spartire con i classici segni zodiacali, ma rappresentano modelli molto verosimili degli uomini che conoscete. Definizioni del tipo "Uomo Scorpione con ascendente Vergine" non vorranno dire più nulla quando vi accorgerete che è molto più sensato – e proficuo – ragionare in termini di "Sacher ascendente Sbrisolona" o "Strudel ascendente Mousse". Lo studio comparato tra uomini e torte, altrimenti detto Tortomanzia, vi permette, infatti, di cogliere la personalità maschile da un'angolazione del tutto originale, consegnandovi uno strumento efficace di "diagnosi precoce del maschio": una bussola per orientarsi nel mercato maschile e scegliere l'esemplare più indicato alla bisogna, proprio come fareste in una pasticceria cercando la torta più adatta all'occasione del momento.

Per esempio:

♥ Portereste un Profiterole a un'amica che soffre di duodeno?
No, ne sono certa; allo stesso modo, se siete reduci da un fidanzato produttore, non di cinema ma di ulcere, evitate per un po' uomini troppo farciti.

♥ Vi abbuffereste di torte doppia panna al termine di una dieta depurativa?
Spero di sbagliarmi, ma so che molte di voi vanificano gli effetti di un lungo digiuno amoroso ingozzandosi di maschi ricchi di trigliceridi (eppure dovreste saperlo che la panna necessita di particolari enzimi per essere digerita: ci vuole tempo e ancora tempo per poterla di nuovo sopportare).

♥ Vi presentereste con un babà al rum alla festa di compleanno di un bambino di cinque anni?
Vorrei sperare di no, ma so di certe fanciulle che, pur non reggendo l'alcol, continuano a frequentare soggetti intrisi di liquori a gradazioni esplosive.

♥ Siete sottopeso e digerite anche i sassi?
Potete permettervi tutte le torte che volete, fermo restando che una sana educazione alimentare allunga la vita e che, al contrario, un'esistenza a base di uomini indigesti debilita e fa invecchiare precocemente.

Istruzioni per l'uso

Potremmo continuare all'infinito: quante torte esistono al mondo? E quanti tipi di uomini? Troppi. Tuttavia, come le torte sono riconducibili a un archetipo di riferimento, anche i maschi si rivelano varianti di alcuni modelli base. Compito di questo libro è segnalarvi le une e gli altri più qualche variazione. L'esperienza, infatti, vi porterà a incontrare tipi ibridi, impasti anomali, soggetti non catalogabili: un Millefoglie con caratteristiche da Ciambellone, Profiterole con tratti tipici della Sbrisolona. In questi casi chiederemo all'astrologia di prestarci il concetto di ascendente.

A ciò si deve aggiungere che nel corso della sua vita un uomo è soggetto a metamorfosi fisiche e psicologiche: sarà quindi possibile imbattersi in giovanotti Strudel che si evolvono in maschi Sacher o in giovani uomini Sbrisolona che, intorno ai cinquanta, cominciano a mostrare preoccupanti aspetti Île Flottante. Ma questo è un altro libro!

Una sola avvertenza: mentre una torta è immediatamente riconoscibile per il suo aspetto, il suo corrispondente maschile non possiede lineamenti altrettanto precisi: solo l'occhio allenato, la psiche guizza e l'orecchio pronto vi permetteranno di riconoscere da subito il dolce sbagliato e di evitarlo prima che vi si piazzi sullo stomaco, vi irriti il colon, regalandovi solo un carico inutile di calorie e dispiaceri. Tuttavia se siete già coinvolte in una "relazione pericolosa" con uno dei soggetti descritti, posso solo fornirvi qualche consiglio per reagire o, Dio non voglia, vendicarvi.

P.s. Come mai, vi sarete chieste, questa novella arte si applica solo al maschio? Potrei rispondervi con un trattato, ma una frase basterà: potrebbe mai una donna farsi circoscrivere da una teglia?

I Farciti

I Farciti sono i segni più ridondanti del nostro zodiaco dolciario. Ciò potrebbe farvi credere che per via della loro natura stratificata e generosa siano altrettanto originali, profondi e munifici. Purtroppo le cose non stanno esattamente in questo modo.

La quantità di ingredienti che compongono un farcito fanno di lui un tipo complicato, letteralmente doppio o anche triplo, a seconda degli strati. Si tenga presente, inoltre, che parliamo di soggetti molto calorici e fatali per le arterie, il che, in termini di accoppiamento, si traduce per forza in stress sentimentale.

Detta in soldoni, il farcito è un soggetto da accostare con molta cautela. Sconsigliato alle super-emotive (è il tipo che fa piangere, e non di commozione) e alle permalose, può essere tollerato senza conseguenze drammatiche da donne molto sottomesse o da ragazze ansiose di comprendere e scusare le sue manifestazioni più indigeste. È altresì indicato alle donne autoritarie, quelle capaci di ridurre, con l'ardore della disciplina, anche i soggetti più stratificati a semplici focacce.

Il tipo Saint-Honoré
La verità sotto i bignè

Questo celebre dolce prende il nome dal santo patrono dei pasticceri francesi: Saint-Honoré, vescovo di Amiens nel basso Medioevo.

Si tratta della torta per eccellenza, quella al cui confronto le ciambelle domestiche impallidiscono. Panna, crema, crema al cacao, bignè, caramello: un incontro di consistenze morbide e delicate, una fantasia cromatica dai toni seppiati, evocativi e un po' malinconici, che ricorda certe ville hollywoodiane in stile moresco, un tempo simbolo di ricchezza e spregiudicato splendore.

Il paragone non è casuale: avete presente l'aspetto di queste ville quando, abbandonate a se stesse, cominciano a perdere gli stucchi e le tesserine dei mosaici? Bene, fatevi la stessa domanda a proposito del nostro uomo torta: cosa accade se si depriva una Saint-Honoré del suo aspetto più superficiale? Cosa rimane oltre lo stucco della panna e le volute di crema?

Avvertenza

La ricetta originale prevede la pasta sfoglia, ma in questa sede ci riferiamo alla sua variante più diffusa, ovvero quella a base di pan di spagna che imperversa, purtroppo, in quasi tutte le pasticcerie. Il che non è un'osservazione secondaria visto che il maschio Saint-Honoré originale è raro almeno quanto il suo corrispettivo dolciario.

Il biondino di mamma

Tra i pregiudizi che circolano nel mondo femminile come un mazzo di jolly clandestino, c'è quello secondo cui ogni uomo è la risultante delle donne che incontra, a partire, ovviamente, dalla propria madre. Ferma restando l'indiscutibile influenza che una madre esercita su ciascuno di noi, temo che questa convinzione sia del tutto infondata: credere che i maschi siano "plasmabili" è una fantasia di onnipotenza femminile smentita, ahimè, dall'esperienza quotidiana. Tuttavia se c'è un uomo a cui il pregiudizio calza a pennello, quello è il Saint-Honoré; non è dunque possibile tratteggiarne un ritratto efficace se non in relazione alle femmine che popolano la sua vita fin dall'infanzia.

Il bimbo Saint-Honoré è il classico micetto dai lineamenti e colori incerti e dal sorriso un po' impacciato. Non è una bellezza, ma gli occhietti malinconici e sprovveduti ne fanno il cocco della mamma e di tante maestre.

Sua madre, in particolare, lo adora. Trova i vestiti più adatti per contrastare il suo pallore, rende scintillanti i suoi capelli color sabbia, lo riempie di vizi, favole e carezze; ciuffi di panna, crema e bignè. Grazie alla costanza di quest'amore il bimbo cresce circonfuso da un'aura dorata, forte e sicuro di sé. È un principe, e ai principi, si sa, tutto sorride. C'è una sola creatura capace di mandarlo in crisi: la sua compagna di banco, quella che gli ruba le gomme e non gli restituisce mai la matita, che assaggia la merenda di tutti ma tiene la sua nello zainetto, guarda torvo, parla poco e mente con sconcertante serietà. Accanto a lei il nostro biondino è perduto, si lascia rapinare senza opporre resistenza e si fa fregare come il più ingenuo degli allocchi.

Grazie a Dio, quando torna a casa, mamma gli ricompone l'astuccio, gli rammenda l'autostima e rimpiazza la crema perduta.

Passano gli anni e il bambino si fa un giovanotto piacente, un po' narciso, gongolante di bignè. Si guarda allo specchio e si piace. Potrebbe avere un sacco di donne ma c'è qualcosa che lo spinge verso gli amori tormentati: *forse* il suo candore da cocco di mamma, *forse* quell'aura color miele che lo porta a rappresentarsi come un eroe da romanzo, *sicuramente* il ricordo mai estinto della piccola predatrice che ha strapazzato l'astuccio della sua infanzia.

Per lui non c'è scampo: prima o poi diventerà vittima di una Donna Rapace.

Ladyhawke♥

La fatalona destinata a stregare il suo cuore appartiene al club delle tormentate di professione: magnifica nel dimenare i fianchi con dolente voluttà, sublime nell'espressione enigmatica da Gioconda underground,♥ artista incontrastata di sguardi obliqui e allusivi. Le donne – e lei di amiche donne NON ne ha – la considerano una gattamorta, ma sbagliano di grosso: la ragazza è una vera Ladyhawke. Una volta identificato il Saint-Honoré di turno la maliarda si appresta infatti a sfoderare gli artigli: volteggia sulle creme del nostro, lo tiene incollato in tremebonda attesa, ma infine piomba rapida come un falco su un'ingenua pecorella. Afferra un bignè, concede un sorriso, un favore, un lungo bacio e di nuovo si libra nelle altezze della sua inquietudine.

Sarà proprio quest'inquietudine, questo stile platealmente sofferto, a inchiodare il Saint-Honoré al suo destino. E si capisce: in quanto eroe letterario, ha bisogno di una donna dal profilo quantomeno drammatico. E lei, da vera attrice,♥

♥ Ho preso in prestito il titolo di un vecchio film romantico, *Ladyhawke*, appunto: in quel caso la Donna Falco era una fragile creatura vittima di un incantesimo che la condannava a sembianze rapaci. Nel nostro caso, invece, si tratta di una creatura dalle sembianze fragili ma dall'indole rapace.

♥ Perfezionata in anni di esercizio allo specchio.

♥ Le Fatali Rapaci si trovano un po' in tutti gli ambienti, ma, cosa curiosa, quasi tutte hanno sperato in una carriera da attrice teatrale o da danzatrice contemporanea, oppure fotografa; ambiti in cui l'arietta imbronciata, l'occhio bistrato e i lunghi capelli a mantella sono da considerarsi indispensabili oggetti di scena.

lo accontenta: si lascia spiovere i lunghi capelli sul viso, abbassa lo sguardo e poi, len-ta-men-te, guarda il nostro da sotto in su. Un po' Bambi un po' Dark Lady.

Una roba da schiaffi.

Lui la trova magnetica.

Campionessa di mutismo assoluto, in gruppo occhieggia afflitta e sorniona, imbronciata e distratta, concedendo ogni tre ore un monosillabo sdegnoso.

Verrebbe voglia di sbatacchiarla per vedere se, per caso, non le funziona più la pila.

Lui, davanti a tanta laconica profondità, si incanta.

Lei si concede a tutti i suoi amici (sì, quelli di lui) in dolenti e inspiegabili amplessi (... è stato così strano... non so perché è successo...).

Roba da mollarla come una pentola d'acqua bollente.

Lui, invece, capisce e perdona.

Perdona e si dona: l'aspetta e l'accoglie, la nutre e la copre. La vizia e la cura. La onora e la adora. La stira e l'ammira. Poi, di nuovo, la vede librarsi in direzione dell'impossibile, tornare e, ancora, prendere il volo.

Picchiata dopo picchiata, la maliarda lo deruba prima dei bignè, poi dei ciuffetti di panna e cacao e infine della doppia crema di rivestimento. Riesce persino a ripulire il bordo di crema e granella. Fino a quando, una mattina, il nostro principe si accorge con sgomento che l'individuo che lo guarda al di là dello specchio non è più il superbo esemplare dolciario che mamma aveva farcito con le sue mani, ma un povero pan di spagna umidiccio e provato.

Nel frattempo, lei ha trovato pace in un marito ricco, in

una particina a Madrid o nell'amore di un sassofonista jazz che si addice così bene alle sue movenze flessuose.

A questo punto il Saint-Honoré subisce la sua prima metamorfosi: dal tipo speranzoso che era, si tramuta in un malinconico ex bello chiuso nel tragico rimpianto del bignè perduto. Quel che gli resta è un carattere pur sempre sentimentale ma intriso di maraschino e cinismo: non può più amare, né ritrovare gioia e desideri, perché quella, quella là, gli ha portato via anche le energie e la voglia di sfruttare i suoi talenti.

Sindrome di Rebecca e Complesso della fata madrina

Si chiama Sindrome di Rebecca la prima moglie,♥ dal noto film di Hitchcock, e chi ne è colpito non riesce a liberarsi del ricordo della Rapace che gli ha traumatizzato la vita. Il nostro Saint-Honoré inizia dunque a comportarsi come uno sfollato affettivo: si trascina imbolsito, si lascia andare, e dell'antico appeal gli rimane solo il sorriso. Un sorriso

♥ Be' alla fine, a dire il vero, Rebecca si rivelava una femmina indicibilmente malvagia. Ma questo la povera Joan Fontaine (la seconda moglie, per capirci) non lo sapeva ancora: quel che vedeva era un marito sciupato dal ricordo e brasato dall'ossessione. All'ultimo, l'eroina scopre che in realtà il poveretto detestava la rapace Rebecca, ma quello è cinema, scordatevi che capiti anche a voi.

capace di riaccendere, per qualche istante, l'aura di vaniglia profumata che la sua mamma aveva creato intorno a lui con tanto amore.

Ed ecco che, proprio in uno di quei rari momenti, voi state passando di lì. Sì, voi, incorreggibili fate madrine!♥ Vi conosco: quale magnifica sfida riportare allo splendore originario quel nostalgico pan di spagna. Che nobile impresa ridonare speranza e forza a un nudo disco di pasta pieno di potenzialità perdute. Allora via, siringa alla mano, a rinfarcire!

Il ragazzo è proprio giù, non gliene va dritta una, non combina niente, non sa dove vuole andare, ma voi vi piazzate nel centro della sua vita incidentata e iniziate a dirigere il traffico.

– Vedi come son messo? – dice lui – Sto così da schifo che non riesco neanche ad appendere questi quattro quadri.

Voi non vi fate certo scoraggiare:

– Se vuoi, te li appendo io – dite con lieta umiltà preparandovi a stendere un ricco strato di crema e panna sull'esangue pan di spagna.

– Vedi come son messo? – dice lui dopo qualche tempo. – Tra i casini e il lavoro non riesco più nemmeno ad andare in piscina, mi sta venendo una panza! Faccio schifo.

– Ma va' che sei bellissimo, sembri un principe – dite

♥ Riflettete. Quando eravate bambine con chi vi identificavate: con Cenerentola o con la Fatina? Giurerei che molte di voi avrebbero preferito fare le fate: dà molta più soddisfazione, e non ti obbliga a camminare con le scarpe di cristallo, che sono di uno scomodo! Ma interpretare il ruolo della fata può rivelarsi molto frustrante: soprattutto quando comprendiamo che i nostri protetti valgono assai di più come zucche che come carrozze.

voi con un ampio sorriso. – Comunque vai pure in piscina che ti scarichi un po', ci penso io alla cena – aggiungete, disponendo i ciuffi di panna sulla superficie farcita di fresco.

– Vedi come son messo? – dice lui dopo qualche mese – Saranno tre anni che non metto piede fuori da questa città di M.

– Se vuoi – dite voi cautissime – andiamo via una settimana. Cerco io, prenoto io: non preoccuparti faccio tutto io – assicurate, sistemando una corolla di bignè sul perimetro dell'ex pan di spagna.

Il tempo vola e bignè dopo bignè, tra un'iniezione di crema e una di fiducia, il pan di spagna si ritempra, si rigenera e si riassesta fino a quando, una mattina, guardandosi allo specchio vede di nuovo una bellissima Saint-Honoré.

La magnifica preda

Ma come può una preda così gagliarda, un neonato principe fresco di crema, sprecare il suo tempo con una come voi? Una che gli spolvera le librerie e gli prepara le vaschette di sugo?

– Su, dài – dice lui a un certo punto – sei irritante: sempre qui a pulire, vai a farti un giro, no?

Una che gli compra le candele profumate e gli porta i fiori per l'onomastico.

– Guarda – dice lui poco dopo – io ti voglio bene, ma

su certe cose sei proprio una piccolo borghese: tu, le tue candele al gelsomino e tutta questa menata dei fiori che mettono allegria.

Una che tiene la sua foto nel portafoglio, che gli manda gli sms della buonanotte.

– Cara – dice lui alla fine – tu sei dolce e tutto, ma io e te non c'entriamo niente. Tu hai bisogno di un tipo diverso, più tradizionale, non voglio farti soffrire. Lasciamo perdere, che è meglio.

E che dovete fare? Ve ne andate, ovviamente. Splendide e senza pianto, con lo spazzolino in borsetta e i contenitori per il sugo in una sporta di plastica.

Scendete le scale col magone che vi strozza la gola e uscite in strada a testa bassa, non vedete l'ora di essere a casa per piangere come una vite tagliata. Ma qualcosa vi obbliga a fermarvi: un presentimento, un fruscio... Vi voltate e alzate lo sguardo al terrazzo su cui avete lasciato il vostro uomo Saint-Honoré. Sono le lacrime che vi stanno giocando un tiro mancino o quella che vedete lassù è davvero l'ombra di Ladyhawke?

Non ci sono dubbi: è lei.

E guarda con che grinta famelica sta puntando i tronfi bignè del vostro ex!

A quel punto, due sono le vie: o andate a comprare una fionda e abbattete l'ignobile rapace,♥ oppure vi infilate nella miglior pasticceria della città e vi gettate tra le braccia di un Profiterole.

♥ E se vi processano per aver attentato alla sopravvivenza di una specie rara, potrete dimostrare facilmente che si trattava di una banalissima gallina.

Pillole digestive

Ora avete tutti gli elementi per riconoscere il tipo in questione così come ve l'ha lasciato Ladyhawke, o Rebecca, se preferite. Malinconia umidiccia, pallore malsano, rimpianto ossessivo delle energie della gioventù, indecisione, sentimentalismo irrancidito. Potete vedere da voi che si tratta di un soggetto molto rischioso, soprattutto se siete delle servizievoli fate madrine sprovviste della necessaria dose di egoismo per sopravvivere a un Farcito. In questo caso statene alla larga, non acquistate neanche la panna e mangiatevi tutta la crema piuttosto che sprecarla su quell'ingrato pan di spagna. Se, invece, siete fate farcitrici dure e indefesse, e non sapete fare a meno del vostro Saint-Honoré, dovrete rassegnarvi a un ménage yo-yo (voi farcite – lui fugge – lui torna – voi farcite – lui fugge etc.) oppure, con un colpo di grande creatività, potete provare a cambiarlo.

Non parlo solo di farcitura, ma di sostanza: asciugate la sua autocommiserazione con una passata dentro il grill e quando avrà imparato a essere un po' più solido ricopritelo di una semplice e ricca crema a base di nutella, di quelle che penetrano nelle fibre della pasta e che nessuna Ladyhawke potrà mai portarsi via. Se il pan di spagna è di qualità, avrete un uomo nuovo, meno indigesto e decisamente più affidabile.

Vendetta tremenda vendetta

Poniamo che dopo averlo rinfarcito, il vostro SH vi rispedisca al mittente con le sportine e il cuore gonfio di lacrime.

Poniamo che, dopo qualche mese, spogliato nuovamente dei suoi attributi, torni all'ovile col bisogno quasi tossico di ricevere un'iniezione di panna e autostima.

Se non siete le fatine un po' masochiste di cui abbiamo parlato, mandatelo a stendere senza tanti convenevoli. Se, invece, cova in voi il fuoco di una Morgana furiosa preparatevi a mietere vendetta.

Raccoglietelo con soffice aria di perdono e, fingendo di insufflargli l'autostima di cui necessita, iniziate dolcemente, segretamente, a minare quel po' di narcisismo che gli rimane. Non è difficile: la virtù è il miglior travestimento della perfidia! Regalategli subito uno shampoo contro la caduta dei capelli e fategli trovare, quanto prima, un paio di occhiali da presbite sopra il comodino: – Così non ti affatichi gli occhi, Amore. Al primo mal di schiena, fornitegli subito una bella fascia elastica da prozio, e non appena lamenta il bisogno di una vacanza, prenotategli una settimana in un centro termale, ma di quelli di una volta, pieno di vecchietti fegatosi e nonnine con l'artrite, mica una di queste "spa" che van per la maggiore. In pochi mesi grazie alle vostre amorevoli cure si sentirà di quindici anni più vecchio e molto più fragile. Allora lasciatelo sul terrazzo e state tranquille che nessuna Donna Falco se ne vorrà occupare.

Ascendente consigliato

Castagnaccio. Ovvero una torta abbastanza autosufficiente da poter sopravvivere alle scorrerie delle femmine rapaci senza vedersi distruggere l'autostima.

Herr Sachertorte
Un diplomatico dal cuore pericoloso

Si narra che l'invenzione della mitica Sachertorte sia da attribuire al giovane pasticcere austriaco Franz Sacher che, correva l'anno 1832, si trovò ad affrontare il delicato compito di soddisfare il palato esigente del principe Klemens von Metternich. Stiamo parlando niente meno che del padre della Realpolitik:♥ l'uomo che, grazie a una serie di alleanze equivoche e manovre spregiudicate, riuscì a far prevalere la propria singolare idea di equilibrio geopolitico, soffocando con una cupa glassa autoritaria le libertà civili di mezza Europa.

Giocando sulla simmetria col personaggio a cui il dolce era destinato, il pasticcere mise a punto una torta dall'aspetto

♥ Termine impiegato per descrivere politiche basate sul più bieco pragmatismo, in barba ai principi etici e al bene pubblico, allo scopo di mantenere interessi nazionali o particolari.

sussiegoso e diplomatico: un fortino di pasta al cioccolato, ricoperto da una monotona distesa di ghiaccia. Ma poiché, povero Franz, aveva solo sedici anni, non poté fare a meno di insufflare, nella sua creatura, un giocoso brivido di albicocca.

Col tempo la fama della Sacher ha superato quella del politico che la ispirò, sopravvivendo al crollo degli imperi e portando con sé un'aura di fascino inspiegabile, rafforzata forse dal mito sul mistero della ricetta, custodita, si dice, con segretezza massonica dai pasticceri dell'omonimo Hotel viennese.

Ma la leggenda del segreto non basta a spiegare la fortuna di uno dei dolci più sopravvalutati della storia della glassa.

Solo la psicologia dolciaria può dar ragione di un fenomeno tanto misterioso. Anni di studio e di autoanalisi mi hanno così condotto a stabilire quasi con certezza che quella esercitata dalla Sachertorte è una fascinazione subdola e indiretta, come se, nei secoli, la torta avesse trattenuto qualcosa della malizia politica del principe von Metternich.

Quella parvenza di sobrietà, quello stile misurato e austero, quel profumo seducente di potere, questa roba, credetemi, va a titillare le nostre più recondite ambizioni di status sociale, le nostre illusioni di raffinatezza aristocratica. Quando ci si presenta a una cena "in" con una Sacher in mano, si fa sempre la figura della donna di classe. Quando ci si presenta con un maschio Sacher al fianco, ci si sente introdotte, dove non si sa, ma sicuramente da qualche parte.

Femmine vanitose e cieche, cosa sapete davvero di questo Metternich dei poveri? Giurereste sulla mamma che dietro l'ombra della glassa il suo cuore di albicocca è tenero e avvolgente; che non è affatto il tipo cupo e monotono che appare, ma solo un timidone molto riservato.

Brave polle! Il principe del raggiro sta per fregare anche voi.

Sensibile o impermeabile?

In sintonia con la torta che lo rappresenta, l'uomo Sacher è un adulto fatto e finito. Si è veri Sacher, direi, dopo la trentina. Raramente, e solo in certi ambienti dell'alta borghesia metropolitana, capita di imbattersi in qualche esemplare giovanissimo. Si tratta di ragazzini smunti, troppo ben educati per essere veri, capaci di esprimersi come libri stampati e dotati di un talento privo di passione per la musica classica. Di solito sfoggiano un pallore che vira al verdino, occhi che squadrano severi o, se va bene, degnano il prossimo di distratta indifferenza. La mamma dice che sono "chiusi ma sensibili". E che altro deve dire, povera donna? Finché campa continuerà a giurare che la superbia del figlio è tutta timidezza, la sua ambizione senso del dovere, la sua indifferenza innocente svagatezza.

Ma poiché, come si è detto, il piccolo Sacher è davvero molto raro, il modello adulto è stato, in genere, un banale pasticcino che con l'andar degli anni ha sviluppato la personalità poco raccomandabile che andiamo a illustrare.

Mister Prudenza

Aspirazione primaria del Sacher è l'affermazione sociale.

Stiamo parlando di uno dei maschi più ambiziosi dello Zodiaco dolciario: da qualsiasi ambiente provenga, il temperamento cauto e lo stile compassato lo aiuteranno a raggiungere l'agognato posto al sole.

L'abilità a dissimulare e a non tradire emozioni fanno di lui un perfetto intellettuale da accademia. Tuttavia può facilmente trovarsi a suo agio anche tra gli psicanalisti di scuola freudiana e gli editorialisti dei grandi giornali. Mai tra gli scienziati, i meccanici o i parrucchieri: tutto ciò che è in balìa dell'estro o del caso lo spaventa, si tratti di forbici, pinze o provette. Prudente fino alla reticenza, si nasconde dietro una glassa di studiata compostezza allo scopo di inserirsi negli ambienti che contano: e ci riesce benissimo.

Intorno ai quaranta sfoggia già una lieve cintura d'adipe che insieme ai sigari costosi è sinonimo di rispettabilità professionale. È distinto, riservato ed elegante. Raffinato ed essenziale. Così tinta unita, così prestigioso, così bon ton. Così Sacher, in una parola.

Eppure, ai tempi in cui era un giovane ibrido, idolatrava le emozioni coltivando, in segreto, un timido cuore di albicocca caramellata. (Chissà, forse anche il principe von Metternich, da ragazzo, era così.) Quel che è certo è che invidiava i boccoli romantici del Saint-Honoré e il cuore barricadero del Profiterole, ma poiché l'indole calcolatrice gli impediva ogni slancio, schiacciandolo tra due pesanti dischi di pasta al cioccolato, il nostro giovanotto si è trovato a professare il culto delle passioni senza vera fede. Avrebbe voluto esaltarsi, agitarsi, perdersi e giocarsi ma non gli riusciva, poveretto. Così ha celebrato la gioventù senza goderla, incensato l'amicizia senza poterla ricambiare, venerato l'amore senza riuscire a consumarsi.

Concediamoglielo: forse ha sofferto. Poi lentamente, ha iniziato a ricoprirsi di una glassa di ipocrisia ogni giorno più spessa, solida e impermeabile, fino a farla apparire uno scudo atto a proteggere i misteri di un animo sensibile.

Come acchiappare un buon partito

Quel che vi si presenta è dunque un tipo pacato, di un'eleganza poco vistosa ma ricercata – è portato per il loden e il velluto a coste –, incline all'ironia più che al riso, ostile alle manifestazioni chiassose di idee, gusti e affetti. Un uomo interessante e garbato che dietro l'aspetto un po' uniforme potrebbe nascondere l'essere dolce e profondo che avete sempre cercato.

Ma come si conquista un così buon partito, vi chiedete, ormai determinate a raggiungere il suo cuore di tenera albicocca? Non c'è dubbio: solo una lama finissima può penetrare i recessi più segreti di un simile esemplare, solo una donna altrettanto pacata ed elegante è degna di figurare al suo fianco.

In primo luogo, dunque, vi toccherà rivedere il guardaroba e riplasmare la vostra immagine, eliminando dall'armadio – e dai pensieri – oggetti e indumenti che rimandano a quel tipo di femmina che uno come lui giudicherebbe carne da balera. Stivali oltre il ginocchio, reggiseni imbottiti, tacchi a spillo e compagnia: tutto nella spazzatura! Una volta trasformate in un modello di finezza evidente ma non altera, costosa ma giammai vistosa, siete pronte per farvi invitare a cena. In un ristorante che ha scelto lui, naturalmente.

Oltre la glassa

Tese ed emozionate, varcate la soglia del locale e vi immergete nella luce dorata delle candele che occhieggiano dappertutto. Il cameriere vi prende i cappotti e vi accompagna al tavolo. Vi sedete dritte e composte e lo guardate in viso. Lui, però, non vi guarda, è ancora occupato a mettersi comodo. Si dimena, si assesta e infine butta un occhio al menù: – Qui sono meglio i piatti del giorno – dice. Poi si concentra sulla carta dei vini.

Alla fine alza gli occhi e vi guarda muto, con espressione compita e inanimata, annuendo anche se non state parlando. Vi guarda, certo, eppure non vi vede.

Ehi, sono qui! vorreste sbottare, invece spezzate nervosamente un grissino, emettendo risolini da educanda. Poi, di botto, i suoi occhi si accendono e lievitano. Forse la vostra sobria acconciatura ha carpito il suo interesse? No! I suoi occhi lievitano e scivolano sul décolleté della cameriera che si sta avvicinando per recitarvi i piatti del giorno. E quella, care mie, non è mica un tipo sobrio:

ciuffone piastrato e il push up sotto la camicetta, riesce a farvi sentire una scopa vestita (vestita di impalpabile cachemire, ma pur sempre una scopa). Gli occhi del Sacher non sanno schiodarsi da lì, persino quando lei scompare restano a mezz'aria come a dialogare con due poppe fantasmatiche. Imbarazzate, fate cadere lo sguardo e date un'occhiata alla sala. Mettete a fuoco oltre il tremolio delle candele: la scena che vi si presenta è degna di un romanzo di Philip K. Dick:♥ ci sono Sacher dappertutto, tutti scuri, tutti sobri e dignitosi. E di fronte a loro, come altrettante replicanti, una schiera di femmine in tacchi a spillo, stivali di vernice sopra il ginocchio, reggiseni imbottiti, capigliature a schiaffo. Le fiammelle delle candele si allungano, esalando fili inquieti di fumo. Gli occhi vi bruciano, ma riuscite ugualmente a vedere le glasse dei Sacher squagliarsi al calore della femmina: lineamenti accigliati che si illanguidiscono in sorrisi ebeti, occhi severi che si arrotondano paternalistici e servili.

Tornate al vostro Sacher: si è ricomposto e vi sta guardando con la consueta espressione distaccata e conciliante. Vi fa qualche domanda, finge di ascoltare la risposta, e di nuovo annuisce paziente, masticando con silenzioso vigore. All'improvviso, lo vedete come in una radiografia. Vedete la linfa vitale della marmellata di albicocche pulsare nel suo intimo. Altro che cuore sensibile! Lì si annida il lato più disgustoso del suo animo: qualcosa di stucchevole e smanioso, alimentato da passioni non vissute e rimpianti appiccicosi.

♥ Philip K. Dick, il noto scrittore di fantascienza, che riusciva sempre a vedere le più sbalorditive realtà dietro le apparenze.

Un'energia repressa che si irradia dalla natura lavica della marmellata e raggiunge la glassa fiaccandone ogni resistenza: la libido incontenibile e dolciastra che erompe dal profondo del Maschio di potere (e di mezz'età) per appuntarsi ossessivamente sulle giovani donne, sulle donne vistose o sulle giovani donne vistose. Certo, questa non è una debolezza del solo Sacher, ma lui, da bravo intellettuale, ha un modo tutto suo di raccontarsi la faccenda. Lo si vedrà dunque sedurre una studentessa, cantando le lodi della spontaneità e della giovinezza; invaghirsi di una ragazza formosa, evocando il potere atavico di qualche dea madre; scomodare Pasolini per palpeggiare qualche ragazza di borgata.

Orrore! Orrore! pensate mentre si porta alla bocca l'ultimo boccone di branzino.

Orrore! mentre consulta la carta dei dolci e decreta ignaro:

– La Sacher non te la consiglio.

Pillole digestive

Che suggerimento si può dare a chi invece di farsi una borsetta di pitone, porta un pitone in borsetta? Che dire a una donna che si coltiva un Sacher come se si trattasse di una piantina di basilico? Certo chi conosce il genere lo evita, ma le altre ci cascano come aragoste in una nassa. Purtroppo il Sacher "tira" molto: è potente, possiede qualche briciola di carisma e persino un discreto senso dell'umorismo. Seccante dover mollare il colpo.

Già, seccante... Sicure che il tizio in loden e pipa, con cui uscite ultimamente, non c'entra niente con questo ritratto? No?

Vi credo, per carità, vi credo. Tuttavia mi sento di dovervi dare un consiglio: prima di escluderlo a priori, prima di prendere un clamoroso granchio, ascoltatevi. Avvertite un senso di disagio indefinito ogni volta che passate del tempo con lui? Avete l'impressione di essere trasparenti malgrado la composta condiscendenza con cui vi ascolta? Non provate un sentimento di noia mista a scoramento, non percepite una nota di sottile e persistente trivialità? E se siete una giovane donna più o meno vistosa, non vi sentite come un tacchino nudo sul piatto di portata?

Forse quell'ammasso di spugna marrone vi sta solo usando: che vi sfrutti come femmina di rappresentanza o come un oggetto capace di suscitargli emozioni non fa differenza, quel che è certo è che di voi poco gli importa.

Avete presente il trito stereotipo dell'uomo che non sa amare? Be' ragazze, è proprio lui.

Morale, se avete riconosciuto in questo ritratto l'individuo che sta cenando davanti a voi, trovate una scusa qualsiasi e fuggite a gambe levate, lasciandolo solo al ristorante col conto da pagare. Senza rimpianti. Infine, se avete un'amica maliarda e rapace, invece di presentarle un Saint-Honoré, mandatela a infierire sulla nobile glassa: ci vuole un po' di giustizia in questo mondo.

Vendetta tremenda vendetta

Poniamo che vi siate fatte incastrare.

Poniamo che, nonostante il concerto di campanelli di allarme che vi risuonava nel profondo, abbiate deciso di affidare il vostro cuore al nero diplomatico in questione.

La vostra vita scorre grigia come un nastro d'asfalto, monotona e sommessa come una lettura di testi poetici accompagnati al violoncello. Fino a quando non scoprite che Herr Sacher si è fidanzato (che importa se è già fidanzato con voi!), dicevo, si è fidanzato con una sua studentessa. Una prosperosa laureanda destinata, guarda un po', a una folgorante carriera accademica. Lui aspetta solo di farsi mollare *civilmente* per inaugurare al più presto la sua nuova esistenza di Pigmalione. Secondo i suoi calcoli, infatti, voi farete fagotto e sparirete, imboccando la via dell'amara dignità, prima che le corna sfondino il controsoffitto.

Ma chi l'ha detto che la dignità deve essere amara? Personalmente consiglierei di aggiungere il gusto speziato della vendetta. A questo proposito sappiate che il maschio Sacher ha un solo punto debole (oltre alla lascivia): teme, ossessivamente, il ridicolo.

Provocatelo, allora, come si provocano i bambini: fategli da specchio. Trovatevi un signore un po' agé (possibilmente un suo collega, ma un tantino più potente di lui), iniziate a svestirvi come delle sgallettate e simulate un idillio denso di brividi erotici e intellettuali. Così facendo trafiggerete il suo amor proprio di professionista (*ma come, lui chi è? Non sarà uno più in vista di me?*) e di maschio (*ma come si concia 'sta qui, adesso? Per me si vestiva di sacco!*). Minerete, contemporaneamente, la sua glassa di perbenismo e il suo sentimentalismo ipocrita. Lui è convinto di essere il solo a meritarsi un cuore di scandalosa albicocca e la vostra infatuazione lo metterà in terribile imbarazzo. E gli farà male. Molto male.

Ascendente consigliato

Mousse. Ovvero un dolce molto montato ma scoperto e arioso, capace forse di contrastare la cupa ipocrisia della glassa sacheriana.

Trappola Millefoglie
Il bugiardo matricolato

Come molti dei suoi compari torteschi, il Millefoglie esordisce alla corte dei reali di Francia sul finire del Seicento. A guardare la varietà di superbi esemplari di pasticceria varati in quel secolo prerivoluzionario, viene il sospetto che l'invidia dolciaria abbia una parte non trascurabile nelle vicende del 1789. La storiografia smentisce con fermezza l'aneddoto secondo cui una storditissima Maria Antonietta avrebbe consigliato di riversare croissant sul popolo affamato. Tuttavia, se il fatto avesse anche solo un fondo di verità, l'indignazione dei sanculotti sarebbe più che mai giustificata: ma come? Voi fate sfilare davanti al popolo Saint-Honoré, Millefoglie, Profiterole, Parfait e Dio solo sa cos'altro, e pretendete di placarlo con una carriolata di brioscine? Saremo anche popolo, ma non siamo mica a dieta! È un vero peccato che gli storici della Rivoluzione abbiano sempre trascurato questo aspetto; ma non c'è da meravigliarsi: gli accademici sono spesso dei Sacher, individui piuttosto rigidini, in quanto a metodo. Ma questa inflessibile glassatura mi offre il destro per introdurvi il terzo dei Farciti, il Millefoglie, ovvero tre strati di sfoglia, due di crema pasticcera e un velo di impettita glassa zuccherina per suggellare il tutto con una lapide di bon ton. Questa la ricetta tradizionale, ma le varianti si sprecano: Millefoglie al mascarpone e fragole, alla ricotta e ananas, al cioccolato e chantilly, variamente ricoperti di zucchero a velo o frutti di bosco, panna o graniglia di nocciola. Nemmeno il numero dei piani è vincolante: troviamo Millefoglie a quattro o addirittura cinque piani. C'è un solo elemento che deve restare immutato perché anche il più eccentrico dei Millefoglie, a prescindere dalle creme, possa chiamarsi tale: la pasta deve essere rigorosamente sfoglia, come vuole il suo nome di battesimo.

Parliamo di una sfoglia tosta, non di quelle che si spezzano a guardarle. Una sfoglia senza bolle e incrinature, tutta d'un pezzo, ancor meglio se pavimentata di glassa come vorrebbe la ricetta originale. Una sfoglia di quelle che quando ci tamburellate sopra con la forchettina fa *tuc tuc*. Così stanno le cose al primo approccio, *tuc tuc tuc*, poi lo strato rigido cede all'improvviso e la forchetta sprofonda in una palude di crema, si arresta incerta su un'altra zolla di pasta la quale, senza preavviso, si crepa su un altro baratro di crema e avanti così per tutto il numero di piani che il pasticcere ha deciso di rifilarvi. La palazzina delle insidie non perdona, non esiste manovra civile per affrontarla: eccovi allora procedere con la crema alle caviglie tra macerie di glassa e schegge di pasta. Ma chi ve l'ha fatto fare? Ogni donna maggiorenne dovrebbe conoscere a menadito qual è il meccanismo elementare di tutte le trappole: ti faccio credere di essere un pezzo di solido terreno e invece...

Ahi! Dalle vostre facce, capisco che siete come gazzelle in una savana di bracconieri, eppure il soggetto di cui parliamo è un vero classico, un archetipo dell'inconscio collettivo. Il tipo Millefoglie è il bugiardo professionista: il suo rapporto con la menzogna è sistematico, sofisticato e luciferino. Il suo più grande nemico è la donna.

Santa Inquisizione

Ammettiamolo: per quanto mentitrici, noi femmine siamo ossessionate dalla verità, e potenzialmente dotate di un istinto insuperabile nel beccare la menzogna. Difficile che ci sfugga: la annusiamo, la seguiamo e la staniamo a colpo sicuro. È un dono, un talento, a volte una maledizione.

Come tutti i talenti sta a noi decidere se e quanto coltivarlo. Parecchie decidono di semplificarsi l'esistenza e di lasciarlo morire. Molte vi ricorrono saviamente solo all'occorrenza.

Altre ne fanno un'arte.

La madre del Millefoglie è tra costoro.

Si tratta di una donna che ha elevato il suo talento a livelli da Inquisizione, facendo pratica su fidanzati e mariti, e perfezionandosi poi sui figli.

Anche se la Santa Inquisizione è il suo modello, lei non ha bisogno di torture per far cantare le sue vittime: le fruga rapida con sguardo sufficiente, e aspetta. In pochi secondi, il potere abrasivo di quel raggio arriva alle budella del malcapitato: quella sa già tutto, inutile mentire! E il poveretto vuota il sacco tra atroci spasmi di coscienza.

Lei non si volta nemmeno, detesta i bugiardi, e non esistono scuse o richieste di perdono capaci di attenuare il sorrisetto allusivo che le incrina il viso.

Suo malgrado, ha messo al mondo una nidiata di bugiardi e col tempo si è fatta una notevole esperienza: c'è il fantasioso, facilissimo da beccare. Il melodrammatico che sgrana gli occhi scandalizzato e offeso. L'indifferente, che non fa una piega e finge di cadere giù dal pero. L'innocentino, che ostenta una faccetta mesta e mite.

E, poi c'è lui, il Millefoglie, falso per vocazione, bugiardo per passione, senza remore o vergogna.

L'arte della palla

Enigmatico, astuto, insidiosissimo, combina in uno stile unico tutte le varianti. È un fantasista, ma in una cosa assomiglia alla madre: amano entrambi il lavoro ben fatto. La loro è una guerra, una sfida, una patologica forma d'amore, e il piccolo diabolico capisce da subito che per sconfiggere la Santa Inquisizione bisogna confonderla: farla finire in trappola prima che lei acchiappi te.

Come? Prima di tutto incomincia a mentire in maniera scientifica e inutile, tanto perché la nemica si abitui a quel rumore di fondo senza insospettirsi. Sono bugie così innocue e gratuite che a nessuno salta in mente di dover verificare: *Ieri la maestra aveva una camicia rossa*. Ok, va bene. *Questa notte ho sognato un tordo*. Ah sì? Bravo. *Gigi oggi era ammalato*. Oh, poverino. Niente lo diverte più di questa beffa quotidiana: le palle inutili sono essenziali per forgiare il carattere e affrontare, quando occorre, il terzo grado materno. Per queste occasioni il nostro lestofante ha messo a punto una tecnica molto sottile. Dapprima nega ogni addebito, poi cede di schianto offrendo una confessione del tutto menzognera: una bugia dalle colorazioni psicologiche che incrina, per un istante, la sicumera materna. In seguito, quando lei si accorge di essere stata gabbata, lui le rifila un'altra versione, ma resa con uno stile tanto accorato che mai, mai si penserebbe a una messinscena. E avanti così fino a quando Madre Inquisizione non finisce dallo psicanalista, con una sorta di labirintite morale: non è più capace di collocare il vero e il falso.

Meschinella! Non sa che gran parte dei Millefoglie scelgono proprio studi filosofici o psicologici?

Il manipolatore

No, calma, non sto insinuando che il vostro psicanalista o il vostro amico psicologo siano per forza dei Millefoglie: dico solo che il soggetto in questione spicca nelle discipline che consentono di manipolare parole, concetti e persone.

Scusate, c'è un modo migliore per far digerire palle al prossimo che friggerle in pastella psicologica?

Ma adesso basta! Le menzogne, per quanto rifritte, restano menzogne e il bugiardo compulsivo va smascherato prima che vi risucchi nella crema fino al collo.

Il vero problema è individuarlo. Non esiste infatti un tratto distintivo che possa aiutarvi a riconoscerlo; come il suo omologo dolciario, ha un aspetto molto variegato: può assumere uno stile chiassoso o trincerarsi dietro una parvenza di glassata seriosità, darsi il piglio dell'intellettuale o le arie del pirata informatico. In ogni caso, comunque, sarà portato a esagerare il suo ruolo, la sua intelligenza e il suo potere. Soffre infatti di un'evidente megalomania (l'aver trionfato su una madre come la sua lo rende molto superbo) che lo spinge a credersi una sorta di genio. Il peggio è che vorrebbe convincere anche voi, visto che da quella posizione può rifilarvi tutte le panzane che desidera!

Ma, credetemi, la sua genialità non è altro che una vergognosa "sfoglia di fico".

Altro che genio! Il Millefoglie è un sadico manipolatore, uno che ama farvi cadere in trappola e vedervi brancolare nella crema.

Le prime bugie che vi rifila sono quelle impossibili da verificare:

Alle elementari ero campione nazionale di tennis.

Alle medie suonavo le Variazioni Goldberg *come ridere, poi mi sono rotto il mignolo e ciao!*

Mio zio aveva una gamba di legno.

Seguono quelle legate alla sua professione. Non è mai del tutto chiaro in proposito – cosa fa, cosa non fa, resta un mistero – ma una cosa tende a sottolinearla: rispetto a lui, gli altri sono delle chiaviche. *Noi psico non possiamo parlare in giro del nostro lavoro, i dilettanti lo fanno, e non sai quanti ce ne sono.*

Ho appena firmato un contratto con un grosso editore, ma non sono molto contento, in realtà sono degli sprovveduti.

Sono nella sicurezza informatica, non posso dirti altro, se non che è un ramo pieno di incompetenti.

Dopo qualche tempo, se decidete di frequentarlo, inizierà a bombardarvi con la famosa raffica di panzane gratuite di cui abbiamo già parlato. La vita è fatta di piccole cose, lui lo sa benissimo, così dopo avervi fatto credere di essere un genio ha bisogno di mettervi a vostro agio. Il tenore è rimasto quello delle bugie infantili:

Stamattina ho mangiato un croissant. A Istanbul ieri pioveva. Mi brucia un orecchio.

La gatta di una mia amica *ha l'alopecia...*

La trappola

La gatta di una mia amica *ha l'alopecia...*

Eravate così rilassate e ora...

Quale amica?

– *Masìunamiamica* – mugugna lui abbassando gli occhi.

Vuol dire *quel genere* di amica?

– Ma no, solo un'amica! – replica ora guardandovi con franchezza.

E allora perché sembrava imbarazzato?

– Imbarazzato? – fa lui con una risatina.

Sì imbarazzato, che c'è da ridere?

– Niente, così.

E vabbe'.

– Già.

Già.

– Veramente...

E allora?

È la mia fidanzata.

Crash! Il terreno vi si spalanca sotto i piedi.

Sentite le suole sciacquettare in una palude di crema. Annaspate in quella luce opaca e giallastra, serrando i denti per non mostrare lo scorno.

Perché non ve l'ha detto prima?

– Perché tu mi piaci molto; quella è una storia quasi finita.

Quasi?

– Sai, lei ha la madre in clinica psichiatrica, il padre alcolista e il fratello disperso nella legione straniera. Può contare solo su di me!

Caspita che samaritano! Vi vien da piangere a sentire la sfilza di sventure inanellate da quella poveretta. Meglio mollare il colpo: non siete di quelle che infieriscono. Sì, meglio alzare i tacchi e filarsela.

– Aspetta – fa lui mentre vi accingete ad andare.

E adesso che c'è?

– Siediti

E va bene.

– Ti devo dire una cosa.
Questo l'avevate capito.
(...)
Allora?
– Non c'è nessuna fidanzata.
Cosa?
– Nessuna fidanzata.

Crash!

Maledetto doppio fondo di sfoglia: eccovi di nuovo immerse nella crema, questa volta, fino alle ginocchia.

Lo fissate, stupefatta.

– L'ho detto per vedere come reagivi.

Assurdo.

– Volevo che tu fossi gelosa.

Sarà anche assurdo, ma vi fa sentire così irresistibili...

– Mi piaci troppo e ho paura di innamorarmi.

Pulcino! Come può un genio essere tanto insicuro?

Dopo qualche secondo il suo cellulare prende a sussultare con insistenza nel taschino della camicia.

Perché non risponde?

– Deve essere roba di lavoro.

All'una di notte?

– Capita.

Può essere importante.

– Ma no.

Può essere un paziente.

– Uff.

Può essere...

– E va bene: è una mia amica.

Crash! La crema ormai vi arriva al mento.

Ne avvertite la viscosità in ogni fibra del corpo, e non è dolce.

Non è affatto dolce.

– Ascolta, è una mia amica. Ma...

Ascolta? E come fate ad ascoltare? La crema vi sta entrando nelle orecchie! Faticate a respirare e i capelli si stanno impiastrando al punto che vi toccherà rasarvi. E allora?

E allora, non fate sforzi fatali per sentire quel che ha da dirvi, ma, con molta discrezione e senza farvi notare, passate al paragrafo seguente.

Pillole digestive

Psst... psst, sono qua, vi sto gettando una cima, afferratela e salvatevi fin che siete in tempo: credo in tutta franchezza che il Millefoglie sia tra i personaggi più pericolosi dello zodiaco dolciario. Quel che vi prepara è un'escalation che può durare una serata o una vita intera. Lui è *biologicamente* bugiardo, non può, non riesce e non vuole redimersi. Quel che rischiate è una vita di panzane infinite. Vi racconterà che i suoi investimenti scellerati hanno il solo scopo di farvi felice; che l'amante di turno (perché ci saranno, altroché se ci saranno) è una sorella illegittima, o una nonna adottiva. Vi giurerà, poi, che tutti i soldi che gli sono capitati all'improvviso sono frutto di una vincita, di un'eredità, forse di una rapina. Vi confesserà di essere gravemente ammalato, di essere stato miracolato a Lourdes, e infine di avervi mentito per attirare la vostra attenzione.

Il punto è che, per sciacquarvi via tutta quella crema di viscide menzogne, a Lourdes, nella piscina, ci finirete voi.

Certo, l'alternativa l'avete lì davanti agli occhi: afferrate questa cima e piano piano, senza che vi senta, abbandonate il Millefoglie e le sue insidie infernali.

Vendetta tremenda vendetta

Poniamo che per qualche inclinazione alla follia o alla cecità che nemmeno sapevate d'avere, vi ritroviate intrappolate in una relazione millefoglie.

La crema della menzogna vi sommerge, vi obnubila, vi acceca e allora, poverette, passate le serate a sgolarvi, ribadendo il valore della sincerità all'interno di un rapporto, mentre il gran bugiardo, schiacciato sul divano, finge di pentirsi e vi promette giorni limpidi come il cristallo. Ma ecco che un'ora dopo vi propina l'ennesima balla in technicolor.

E, a questo punto, voi che fate? Ricominciate la sceneggiata? No che non la ricominciate! È ora di reagire.

Potete scappare, cercando di lasciarvi alle spalle la bufera di crema che vi ha travolto, oppure, opportunamente munite di impermeabile e stivali, restare ancora un po', giusto il tempo di impartirgli una sana lezione di vita.

Prima di agire bisogna aver chiaro che il gran bugiardo è un po' come un serial killer: non si aspetta di trovarne altri uguali a lui. La sua arte si fonda sulla vostra sincerità, il suo delicato castello di menzogne si regge sulla vostra buonafede: se gli togliete le fondamenta, andrà letteralmente in briciole. Quindi, pare ovvio, imparate a mentirgli. Iniziate con piccole bugie insignificanti, poi, in un crescendo wagneriano, infarcitelo di palle ambigue, mastodontiche, sottili, insostenibili. Quando inizierà a intuire che lo state fregando, la labirintite che ha afflitto sua madre e poi le sue donne lo colpirà come un boomerang. Diventerà paranoico, e se vorrà capire quel che gli state facendo – trovare un punto fermo nel caos della menzogna – sarà costretto a cercare la verità.

Forse, col tempo, imparerà persino ad apprezzarla.

Ascendente consigliato

Strudel/Castagnaccio. Così, d'istinto, mi vien voglia di affermare che con un elemento simile non c'è ascendente che tenga. In realtà potrei consigliare uno Strudel che è il suo esatto opposto, anche se il risultato può essere sommamente pesante. Azzardo anche un Castagnaccio, ovvero il modello più basico e autistico di maschio: sì, un Millefoglie ascendente Castagnaccio potrebbe andare. Io però non ne conosco.

Mister Babà
Ovvero il cicciottone di potere

C'era una volta un uomo povero e magro, di nome Alì Babà. Dopo le avventure che ben conoscete, il nostro ometto divenne ricco come un pascià e altrettanto grassoccio, lustro, un po' unticcio e perfettamente a suo agio ovunque ci fosse da mangiare, bere, e palpeggiare il didietro di qualche sfortunata odalisca. Questa la ragione per cui, oggi, quando vediamo uno che si piace, si compiace e se ne sta comodo comodo nella propria pelle, diciamo che "sta come un pascià" o alternativamente "come un babà". Tale similitudine è all'origine del dolce che andiamo ad affrontare in quest'ultimo capitolo dedicato ai Farciti: il Babà. 'O Babbà, per dirla alla partenopea.

E va bene, lo ammetto, ho cercato di rifilarvi una falsa etimologia, non prendetevela: nel Medioevo era molto di moda e, detto tra noi, è un vizio che si porta ancora benissimo in svariati ambienti letterari.

Comunque, non volevo gabbarvi, bensì offrirvi una suggestione plastica, una piccola anticipazione di quel che ci aspetta in questo delicato capitolo di studio. E poi, quella che vi ho raccontato non è del tutto una bugia: veramente il dolce prende il nome dalla fiaba, ma ad affibbiarglielo fu, per puro sfizio, un collerico re polacco detronizzato e confinato in Lorena. Costui, già provato da una vita di ozi ed esilio, era afflitto, tra l'altro, da un pasticcere totalmente sprovvisto di fantasia, il quale ogni giorno gli faceva servire il medesimo dolcino gommoso. Fino a quando il re, esasperato dalla noia, scagliò il dessert contro una bottiglia di rum che si trovava lì davanti. In uno schianto di vetri, l'insulso dolcino fu battezzato nello spirito del rum, nascendo a nuova vita e mandando in brodo di giuggiole il principe infelice. Perché, poi, questi decidesse di chiamarlo come l'eroe della fiaba, resta un mistero. Ed è altrettanto poco chiaro come un ciambellone tedesco, rimaneggiato da un principe polacco, si sia nel tempo tramutato nel grosso fungo che i napoletani hanno eletto, insieme alla pastiera, a simbolo di orgoglio regionale.

Qualunque sia la sua origine, è evidente che parliamo di un dolce che ha più estimatori che meriti, che si appoggia alla sonorità rotonda di un nome (*obabbààh*) per mascherare la sua evidente nudità, che dissimula la propria natura ordinaria nell'eccesso della gradazione alcolica e che esibisce un orgoglio fallico a dir poco imbarazzante. Nello stesso modo, care amiche, Mister Babà si nasconde dietro professioni di prestigio, manifesta un carattere francamente eccessivo e un'ossessione sessuale da guinness dei primati (intesi come scimmie).

Ma che dici, è un tale pacioccone!

Eccole lì, la vostra ingenuità non smetterà mai di sorprendermi: le forme tondeggianti che vi fanno tanta tenerezza corrispondono in realtà a una strategia di controllo del territorio. Lui va fiero della sua mole: la considera il latifondo della sua personalità o, se preferite, l'esercito di occupazione che gli permette di soddisfare le sue insaziabili mire espansionistiche. Nel suo Risiko mentale voi siete un territorio da occupare.

Il ciccio di mamma

Nella tradizione mediterranea il bimbo ciccio rappresenta un valore in sé e due belle guance rubiconde suscitano sempre la dovuta ammirazione. Ma c'è guancia e guancia, ciccia e ciccia. Fin dalla primissima infanzia i grassocci si dividono in due categorie: da un lato vi è il pupo solare che vi tende la manina sorridente, dall'altro quello ombroso che guarda truce dal passeggino reggendo il sonaglino a mo' di scettro.

Il piccolo Babà appartiene alla seconda categoria.

Spesso imbronciato e poco disposto alle coccole, ha occhietti freddi e attenti, doppio mento volitivo, guance provate dalla gravità, postura immobile e regale. Benché infastidito dalle smancerie, permette alla madre di accudirlo con distaccata condiscendenza.

Bello di mamma! esclama lei in deliquio, cambiandogli il pannolone.

Spicciati donna, pensa lui rifilandole uno sguardo di sasso.

Lei, per “ammorbidirlo”, lo tira a lucido e irrora le sue cicce esigenti con l’olio Baby Johnson. *Così va bene femmina,* concede lui con lo spunto di un sorriso, mentre la poverina plasma, in modo del tutto inconsapevole, la perfetta immagine di un cucciolo di Babà. Lustro, tondeggiante e pago di sé. Sfortunatamente, dietro quella tenera apparenza si cela un essere capace di capricci apocalittici e bronci inscalfibili, afflitto da una brama che si placa solo con il cibo o con il possesso di nuovi giochi. Di fronte a un’indole così fetente, le donne che lo circondano (perché in genere questo tipo di maschio cresce all’ombra di un gineceo devoto) preferiscono convincersi che il vessatore non sia affatto il bullo che appare bensì una vera sagoma o, quantomeno, un tipo di carattere.

Ruba le figurine dei compagni? Che furbo!

Spazzola via la sua merenda e anche quella del fratello? Che appetito!

Atterra un amichetto? Che forza!

Perché mai dunque il cicciottone dovrebbe provare a correggersi? Più imperversa nella sua bullaggine, più le donne di famiglia gli iniettano flaconi di autostima al rum. Più diventa dispotico, collerico e prepotente, più lo trattano come un pascià: *Ah!*

Guardatelo come se ne sta lì comodo e compiaciuto,

servito da una schiera di madri-sorelle-zie-cugine, convinto di meritarsi tutto ciò che ottiene e anche di più.

E guardatelo ora, a distanza di dieci, venti, trent'anni: lo stesso sguardo vigile e la solita aria satolla da padrone del mondo. Nel frattempo, la convinzione che le donne siano al suo servizio si è tramutata in un appetito sessuale da imperatore dei suini e in una boria machista assetata di vittime.

Avvertenza in corso d'opera

A questo punto è necessario introdurre un piccolo distinguo: come esistono Babà di varie misure e rum di diverse qualità, anche l'uomo Babà può essere più o meno velenoso. Ferme restando le sue caratteristiche di fondo, la fenomenologia varia a seconda del rapporto tra massa e qualità di rum. Per esempio: un volume medio, imbibito di buon liquore, corrisponderà a un maschio ambizioso, irascibile ma talentuoso, un po' porco ma non troppo; mentre una mole pantagruelica, inzuppata di rum scadente, indica un uomo insopportabile, meschino, assetato di potere e dannatamente maschilista.

È su quest'ultimo tipo che ci concentreremo perché, occupando spesso posti di potere, è abituato a servirsi dei vantaggi della sua posizione per sedurre/insidiare/vessare tutte le pollastre che gli capitano a tiro.

Una personcina amabile

Molte di voi non lo sopportano, lo so, ma temo che ci sia ancora qualcuna disposta ingenuamente a confondere fascino e potere. E non è l'unica, anzi il primo a esserne convinto è proprio Mister Babà. Ovunque si trovi – dietro una scrivania da dirigente-produttore-politico-docente, in una sala operatoria in qualità di chirurgo, a capo di una cosca mafiosa – si dedica al culto della propria personalità con devozione metodica. Rafforzato dalla sua mole e incoraggiato dall'imprinting famigliare, si è infatti persuaso che un grosso appetito, collere bibliche e lune sistematiche siano sintomo di talento e carattere sanguigno. Così, coltiva i suoi difetti nella convinzione di consegnarli alla storia. È pure convinto che modi sgradevoli siano segno di franchezza e che un linguaggio da osteria denoti vigore sessuale. Disgraziatamente, chi lo subisce non osa contraddirlo, alimentando in lui la presunzione del proprio carisma. In realtà la sua aura così infiammabile non è altro che arroganza ad alta gradazione alcolica. Ma l'alcol, si sa, stordisce, soprattutto se di cattiva qualità. Capita dunque che certe signorine cadano a picco nella sua rete come rondini ubriache.

Magro o frustrato ma sempre Babà

Per quanto Mister Babà si creda un tipo unico, tutte noi ne conosciamo almeno un paio. Magari è dimagrito, ma quell'aria da latifondista gli è rimasta appiccicata addosso, con tutte le pretese che ne sono corollario. Se vi imbattete in lui prima che raggiunga il potere o la fama cui aspira, lo riconoscerete per l'arroganza e il risentimento che lo inzuppano fino alle orecchie: non ammette, infatti, di esser trascurato dagli ambienti in cui smania di inserirsi, ma voi in quanto donne, colleghe o amiche, scordatevi da subito un rapporto paritario: anche se è un signor nessuno, voi, in quanto femmine, non siete entità dotate di parola o pensiero, ma ricettacoli, se vi va bene, dei suoi sfoghi rabbiosi. Lui parla esclusivamente di sé e, da inguaribile *parvenu*, vi degnerà di qualche attenzione solo se potete fregiarvi di un cognome altisonante o di una posizione di potere. Ovviamente come oggetto sessuale andate bene anche se vi chiamate Pinca Palla, ma in questa prima fase, il suo maschilismo non si è ancora dispiegato in tutta la sua bassezza. Il bello deve ancora arrivare: solo il potere o la fama (che per Babà è una variante del potere) fanno del pagnottone un esemplare completo. Non appena infatti, facendosi alleati i nemici di ieri – tutti i cretini che osavano snobbarlo – il nostro mette a segno i suoi primi successi, il suo machismo si realizza al massimo grado, rigenerandosi in un bagno di vanità da fare invidia alla buon'anima di Liz Taylor. Da quel momento, che sia il vostro futuro capo, un politico, uno scrittore, un docente universitario o un boss della mala, in quanto donne, sarete obbligate a trovarlo irresistibile. E se siete a caccia di lavoro, o di contatti utili per la vita e la carriera, l'incontro con un Babà potrebbe spingervi a chiudervi in convento.

Irresistibile?

Appena lo conoscete – facciamo che sia un incontro di lavoro – il Babà vi passa rapido ai raggi X, roba di mezzo secondo, vi regala una blanda occhiata da seduttore, poi, ruotando impercettibilmente il mento, si assesta in una posa ducesca e aspetta di riscuotere lo sguardo bollente che ogni donna gli deve. Se lo guardate neutre e gli occhi non vi friggono di eccitazione, scordatevi di far carriera, di ricevere aiuto o semplicemente ascolto: come d'incanto, nella frazione di un istante, il suo sguardo si fa smorto, avete perso qualsiasi attrattiva. Inutile sciorinare competenze, capacità, umorismo (no l'umorismo no!!!); ormai siete state catalogate tra le suore laiche, le frigide, le frustrate, ovvero le non-esistenti o peggio le intellettualmente moleste: donnine petulanti, smaniose di far valere il proprio punto di vista.

Eh no, ragazze non si fa così. Su, da brave, riprovate, sfoderate uno sguardo carezzevole – sfrontato o pudico fate voi – e non esitate a mostrarvi scosse da un brivido di emozione. Così va meglio. Ora il Babà può far finta di ascoltarvi. Vedete? Annuisce distrattamente ma l'occhietto è vivido: siete tornate a esistere. Si segna due appunti, risponde quattro volte al cellulare: sghignazza, si adombra, si incazza, si sottomette ai suoi interlocutori (dipende del grado di potere, va da sé) e intanto vi lascia lì in attesa come una babbiona a giochereIlare con il portachiavi. Ma infine vi invita a colazione.♥

♥ N.b. Scordatevi cornetto e cappuccino. Nel mondo dei Babà, negli ambienti giusti, la colazione è rigorosamente il pranzo. Non chiedetemi il perché, ma se volete fare le inserite, dovete bandire il pranzo dalla vostra dieta lessicale.

Soddisfazioni!

Eccovi lì, cappuccetto rosso a tavola con il lupo: così modeste e graziose col vostro panierino di competenze. Ogni tanto provate a sfilare un pensierino, un'idea, un'ombra di master, e lupone vi concede la condiscendenza distaccata che mamma riservava alle vostre uscite in tutù. Fortunelle, se continuate così finirete proprio a lavorare per lui! Tra l'altro, basta che vi mostriate adorabilmente inferiori, che impariate a frullare le ciglia e a scoprire la spalla, a schiudere le labbra ed esibire la coscia, e forse non vi toccherà nemmeno finirci a letto. A volte infatti i Babà si accontentano della semplice idea che *a voi* piacerebbe un sacco, che siete pronte a cadere ai suoi piedi e che se non lo fate è solo per qualche ostacolo insuperabile, tipo un marito o un fidanzato armati di lupara.

Come immaginerete – o già sapete – lavorare con/per/attraverso di lui può rivelarsi fonte di grandi soddisfazioni: è sufficiente non mostrare tendenze al ragionamento e all'originalità, insabbiare competenze e reprimere inutili moti di orgoglio. In compenso, se vi rivelerete muli da lavoro, docili e affidabili, state tranquille che scaricherà sulla vostra schiena tutto quel che gli riesce. Per un vero professionista del machismo la femmina non è solo una potenziale amante ma anche una sguattera fidata.

Nel caso lo abbiate già incontrato sul lavoro (e sono sicura che molte di voi ne hanno fatto esperienza) posso solo consigliarvi di trovare un'altra professione; se invece, per qualche ragione sepolta nell'oscurità della vostra psiche, decidete di volervi accoppiare col pagnottone, rassegnatevi a diventare una specie di mocio lavapavimenti. Più o meno è questa la considerazione che il Babà ha della sua donna. Certo, nelle occasioni sociali, pretenderà che il mocio sia lavato e strizzato per benino; ma una volta a casa finirete di nuovo dentro al secchio.

Povere le mie Cenerentole! Esposte per rappresentanza, la sera, e riposte nello sgabuzzino delle scope, la notte; esibite come un tacchino del Ringraziamento sulla tavola della sua vanità sociale e richiuse in frigorifero, tra gli avanzi, a fine cena. Inutile sperare nella magia di una fata, il principe si è rivelato peggio della matrigna, e continuerà, imperterrito, nelle sue angherie fino a quando non gli scodellerete l'erede agognato: pasta della sua pasta, rum del suo rum. A quel punto non gli importerà più nemmeno di pascolarvi in giro, vi acclamerà pubblicamente madre del secolo e inizierà a insidiare tutte le sottoposte che gli capitano a tiro, tradendovi sotto il naso senza ombra di scrupolo. Mentre voi nel caldo antro ricavato tra l'aspirapolvere e la Vaporella, accudite, devote, la sua prole.

Pillole digestive

No, non si digerisce. Ma un rimedio, per quanto tardivo, esiste: si chiama divorzio. Ed è l'unico rimedio valido contro una brutta sbronza da rum. Ma prima dovrete avere l'astuzia di sposarvi! Non è un consiglio che mi sento di dispensare a cuor leggero, ma solo un risarcimento di alimenti stellari vale a riscattare una pur breve convivenza con uno dei peggiori segni dolciari. E poi, il potere e il denaro che ha accumulato negli anni devono pur servire a qualcuno. Magari proprio a voi.

Vendetta tremenda vendetta

Poniamo che siate state così fragili e sprovvedute da farvi stordire dai fumi alcolici di Mister Babà.

Poniamo che, in un'ingenua ricerca di status – sedotte dall'ombra lunga del potere – abbiate deciso di accasarvi con questo macho voluminoso e sgradevole.

Siete ormai ridotte al cantone delle scope, e quando lui ritorna a casa vi tocca pure recitare la parte della geisha devota. Prima di chiedere il divorzio, come già vi ho consigliato, suggerirei una piccola vendetta casalinga, semplice e molto efficace.

Invece di fare grandi numeri per richiamare la sua attenzione – al posto di sfinirvi in palestra, sfigurarvi col botox o cercare un amante – provate a restituirgli l'immagine del maschio patetico che non sa (ancora) di essere.

Concedetevi solo con indulgenza annoiata, parlategli del dentista dei figli nel pieno di un amplesso, sbadigliate davanti ai racconti delle sue prodezze manageriali, fategli capire che è meglio che si metta a dieta e attaccate al frigorifero i suoi esami del colesterolo (così, per il suo bene, perché lo tenga sotto controllo). Parlate agli amici dei suoi trigliceridi e fatevi sentire mentre, al telefono, confidate preoccupate alle amiche i suoi imbarazzanti flop erotici...

Poiché è convinto di essere il vostro Dio – vi considera come una sua devota creatura – non può immaginare di essere colpito dal fuoco amico, ragion per cui comincerà a prendere seriamente in considerazione la propria decadenza. Allora, ma solo allora, chiedetegli il divorzio, sarà abbastanza indebolito da concedervi il risarcimento morale (cioè economico) che meritate.

Ascendente consigliato

Budino. Consiglierei un ascendente Budino, le caratteristiche incerte di questa tremolante creatura e la sua tendenza a farsi gestire dalle donne potrebbero essere un accettabile correttivo al machismo del Babà.

Uomini al cucchiaio

Che cos'è un dolce al cucchiaio? Una mina vagante, probabilmente. O, per dirla in termini più concreti, un dessert poco ancorato: non ha base, poggia solo su se stesso ed è quasi sempre un po' montato. Se potessimo sovrapporre la Tortomanzia all'astrologia classica diremmo che gli Uomini al cucchiaio corrispondono ai segni d'aria. Meno indigesti dei Farciti ma anche meno nutrienti (fatta eccezione per il Profiterole) possono essere piacevoli compagni di avventura ma sul lungo periodo risultano, generalmente, inaffidabili.

Ciò non toglie che una donna assennata e stabile possa trarre vantaggio dalla compagnia di un maschio al cucchiaio, a patto che non opponga il suo spirito di gravità all'eccentrica leggerezza del soggetto in questione. In questo caso son dolori per tutti. Gli Uomini al cucchiaio, dal migliore (il Profiterole) al peggiore (l'Île Flottante), hanno infatti bisogno di sentirsi equilibrati, non zavorrati. Se ne consiglia dunque l'uso a femmine solide ma non rigide, capaci di soprassedere e di non tormentare. Vivamente sconsigliati alle donne intransigenti e troppo profonde ma anche a quelle egocentriche e vanitose. In quanto a egocentrismo e vanità, infatti, gli Uomini al cucchiaio sono, orgogliosamente, campioni del mondo.

L'Île Flottante
Il marinaio narcisista

Mi sarebbe piaciuto avere qualche simpatico aneddoto, o almeno uno straccio di appiglio storico per introdurre l'amico Île Flottante, ma le mie ricerche non hanno sortito risultato alcuno.

Siamo dunque in presenza di un'origine oscura che ci obbliga a relegare l'Île Flottante nei ranghi della pasticceria illegittima. Di lui sappiamo soltanto che, come spesso capita ai dessert, ai filosofi e ai formaggi, è di origine francese.

Tuttavia questa mancanza di radici rivela fin da subito una delle sue caratteristiche più salienti: come il nome suggerisce, l'Île Flottante – isola galleggiante – è per l'appunto un'isoletta di simil-meringa che galleggia inquieta su di un lago di crema liquida.

Può essere servita in molti modi e assumere aspetti differenti: sfoggiare la forma graziosa impressa da uno stampino, o quella più naïf di uovo in camicia (ma senza tuorlo); nuotare indifferentemente dentro una fondina, una coppetta da macedonia o, più raramente, in una coppa di champagne.

La consistenza dell'isola deve essere delicatissima e la crema praticamente liquida. Il tutto è suggellato da un arabesco di caramello biondo e mandorle sfilettate. È un dolce sopraffino, lasciatevelo dire, leggero e molto invitante. Ahimè, nonostante l'aspetto impalpabile, è assai più calorico di quanto credereste e vi lascia con una fame addosso, ma una fame, che un biscotto secco, in confronto, vi sembra un panzerotto. E se c'è una cosa che a noi vere donne fa proprio imbestialire è ingrassare senza soddisfazione. Dico, ti fai un intero Profiterole, prendi una taglia in una notte, ma lo stomaco, almeno, l'hai riempito.

Con queste dannate isole di meringa invece non ti riempi mai abbastanza: puoi spazzolarti un intero arcipelago, e continuerai ad avvertire i morsi della fame. In compenso ingrasserai comunque come un'oca da cortile.

Alla stessa stregua, l'amico Île Flottante è attraente e piacevole – inalbera una bella testolina caramellata e fluttua sul suo lago con sicurezza spavalda – ma non vi posso nascondere che in quel lago si riflette come un candido narciso, e come tutti i narcisi è sfuggente, spesso inconsistente e quanto mai frustrante. Provi ad acchiapparlo e sempre scivola via. Quando infine riesci a incastrarlo, ti accorgi che più ne mangi, più ti senti debole dalla fame. Eppure ne vorresti ancora, e ancora e ancora! Benedette ragazze, portate il masochismo come se si trattasse di un cappotto di Prada. Ma quando, alla fine, vi accorgerete che il cappotto di Prada (quello vero) vi tira ignominiosamente sui fianchi a causa dei cinque chili di frustrazione che avete accumulato, guardatevi indietro. Sì, guardatevi indietro, e non prendetevela con la vita sedentaria e bla bla bla. Se andate a vedere, ne sono sicura, nelle vostre relazioni più recenti c'è stato almeno un Île Flottante. Niente di più facile: anche se se la tira da gran personaggio, è diffuso come la gramigna e il raffreddore. Anche se posa da sofistico tormentato, nulla gli impedisce di essere pure uno Stronzo.

Piccola digressione a proposito dello Stronzo

"In amor vince chi fugge." "Le donne preferiscono gli stronzi." "Peggio le tratti, più ti corrono dietro." Quante volte, amiche, ci è toccato ascoltare sentenze di tal fatta? Quante volte, di fronte a tanta banalità, abbiamo ridacchiato, annuendo come pupazze meccaniche:

Sì, sì, ci piacciono gli stronzi, eh, eh, eh!

Non c'è di che vantarsi, care mie, purtroppo lo Stronzo è un articolo molto gettonato. Dal Millefoglie-mascalzone/traditore, al Saint-Honoré-insicuro/piagnone, dal Sacher-altero/cascamorto, su su, fino al codardo patentato (che non possiede un dolce gemello ma può trovarsi a suo agio in ogni teglia), gli stronzi, come vuole il termine, rappresentano le imbarazzanti scorie della nostra vita affettiva. È una ben triste realtà, ma a nostra discolpa possiamo affermare che l'impulso che ci spinge a tallonare simili individui nasce, in fondo, dal travisamento del più puro sogno romantico, quello che potremmo battezzare: *La redenzione dello Stronzo*. È questa una fantasticheria, quasi un archetipo, che si ripete in decine di film e romanzi, e si modella perfettamente sulla vicenda amorosa tra Elizabeth Bennet e Mr Darcy in *Orgoglio e Pregiudizio*. Non a caso, una simile fantasia poggia su un presupposto decisamente romanzesco: quello di essere noi *l'unica donna* capace di stanare il gentiluomo che si annida in uno Stronzo.

Ahimè, gli uomini non sono fatti così, e nemmeno le torte! Non esiste il bello arrogante e ricchissimo – ma di buon cuore – che si folgora sulla via di Damasco per la sincera ragazza che siete, proprio come non esistono torte dall'aspetto spocchioso e dal ripieno casalingo. Sono dolente di dovervi comunicare che Mr Darcy non è di questo mondo. D'altra parte, alla vostra età dovreste sapere che, per la legge di "autoconservazione dei patrimoni", Ricco cerca Ricca, e per la legge di "accrescimento genetico della stronzaggine planetaria", Stronzo ama Stronza.

Tornando a noi, ribadisco che l'Île Flottante possiede tutte le virtù per diventare uno Stronzo coi fiocchi. Il suo modello, come ho detto, è quello dell'avventuriero travagliato, un po' Bruce Chatwin un po' Corto Maltese; tuttavia, nonostante lo stile dell'amante inquieto, il suo narcisismo e il suo bisogno di consenso rischiano (dico: è un rischio, non una certezza) di ridurlo a uno skipper per signore o un playboy da riviera.

Una meringa tormentata

Una cosa bisogna dirla: Île Flottante si nasce (e anche un po' stronzetti), ma ambiente ed educazione hanno una parte determinante nel fare di uno sprovveduto isolotto il narciso che conoscete.

Non è una regola ma, in linea di massima, il Flottante è l'ultimo nato di una famiglia agiata e numerosa. Ne consegue che mamma e papà un po' per stanchezza, un po' per cieca preferenza, gli concedono tutto quello che i fratelli non hanno potuto nemmeno sognarsi. Se quelli devono marciare come bersaglieri, lui si barcamena tra alibi e coccole. È brillante ma svogliato, vivace ma viziato. A scuola è un mezzo disastro, e mentre i fratelli si ritagliano un futuro da primari, avvocati o corrispondenti esteri, lui si limita a coltivare le sue non trascurabili doti atletiche: è un eccellente sciatore, nuota come un delfino, e corre come un cerbiatto.

D'estate, per le stradine del lido (ligure o toscano) in cui la famiglia possiede senz'altro una casa démodé, lo riconoscete nel ragazzino color miele, spavaldo e fragile, che cammina scalzo sotto il sole cocente, succhiando un ghiacciolo con disinvolta indolenza.

D'inverno, è quello che pedala fischiettando, braccia penzoloni, celando i ricci scomposti sotto un berretto di lana logoro, sbandierato con la nonchalance che solo i ricchi riescono a esibire indossando abiti che noi, per pudore, non oseremmo regalare nemmeno al sacco giallo di Mani Tese.

Intorno ai sedici anni, manifesta un appassionato interesse per le barche a vela e, se papà non ne ha già una, comincia a girare per il Mediterraneo su quelle degli amici di famiglia accattivandosi i cuori di madri e figlie con l'affabilità da fresco seduttore e la destrezza del lupetto di mare.

Marinaio. È così che, fin dai tempi delle prime crociere, amerà definirsi: atteggiandosi sempre più a maschio rude ed essenziale, e obbligando i marinai che quel mestiere lo fanno per davvero a sopportare le sue ostentazioni di cameratismo.

A vent'anni tre sono le strade: o molla l'università e decide di fare il velista (ma deve avere denaro e abilità sufficienti da investire), o si imbarca su un peschereccio pronto all'avventura (ma è molto raro che si "abbassi" a fare il vero uomo di mare), oppure continua a ciondolare all'università, rimpiangendo il mare aperto, cambiando facoltà in continuazione, limitandosi a fare il maestro di vela nei mesi estivi o lo skipper per signorine in cerca di avventura. Arriva così all'alba dei trenta, intorpidito da una routine di lavoretti e amorazzi: inacidendosi e amareggiandosi, prendendosela con le cose e le persone perché non sono in grado di sedurlo, avvincerlo, innamorarlo. Infatti, anche se resta inchiodato nel porticciolo del suo ego, si sente sempre sul punto di partire, ma a cambiar vita, proprio, non ci riesce.

Che pena, per il biondo riccioluto con l'aspirazione del novello Ulisse, contemplare l'ombra di un futuro compatto come una fetta di castagnaccio! E che fatica, per il suo ego, separarsi dalla propria piccola fama: dalle donne che lo riconoscono e dagli amici che si aspettano, sempre, chissà quale colpo di coda. E allora, se partire non si può, bisognerà legarsi, ancorarsi a un porto che sia solido (al diavolo le fighette da crociera, le studentesse *on the road*, le accasate infelici) ma ampio e arioso (al diavolo quelle che ti vogliono incastrare, scodellare figli, spiegarti il senso della vita). Bisogna trovare la Donna vera: una che ascolta e capisce; rispetta e aspetta, non chiede e non osa. *Una che non.*

Ritorno di fiamma

A voi lui piace dai tempi in cui, ragazzina, andavate in vacanza nel suddetto lido ligure o toscano. Okay, magari non era proprio lui ma un suo sosia: quello con la famosa abbronzatura color miele e il sorriso, pigramente allusivo, capace di stendere le femmine a grappoli come il Raid seccava le zanzare. Avreste fatto di tutto per un bacio, ma erano sempre le altre a capitargli in sorte. Lui, infatti, non si sprecava a scegliere, si limitava piuttosto a raccogliere quel che gli cascava tra i piedi.

Una volta era la peperina tutta nervi e battute, quella dopo toccava alla burrosa fatalona, poi arrivava l'imperscrutabile tedesca, poi la ragazza bene, la sballona, la maliziosa, la gattamorta etc. Per tutta l'adolescenza avete sognato di essere il suo zerbino, palpitando estate dopo estate, nella ragionevole speranza di finire tra i suoi scendiletto. E invece no! Voi eravate l'amica leale, quella a cui confidava i suoi sogni e che, trascurata per giorni e giorni, non si stancava di aspettarlo. Mai una mano addosso, mai uno sguardo di troppo, mannaggia a lui, al massimo qualche esitazione, una scaglia di imbarazzo nel buio di un androne.

Ma adesso, a distanza di anni... *ah!* adesso è lui (o il sosia) che vi ha cercata. Si è materializzato, chissà come, dai recessi della vostra memoria, in felpa blu e pantaloni stinti, per chiedervi di essere la sua Donna vera. Certo, rispetto ai tempi d'oro, è un po' imbolsito: una cinturina d'adipe gli ricopre quello che voi ricordavate come un ossuto costato, e la fiera corona di ricci si è spenta e diradata. In generale, è tutto un po' più beige, ma nel vostro cuore continua a scintillare con la foga menzognera di uno Swarovski. O del primo grande amore.

Amore, mica bruscolini.

La donna del marinaio

Amore. Che importa, dunque, se, dopo il primo invito a cena, conclude la sua dichiarazione con un:

– Facciamo alla romana?

Lo so che di botto vi sentite accartocciare come una foglietta secca e che le scarpe col tacco dodici che vi erano sembrate così *cool* ora vi appaiono patetiche, lo so. Ma ragazze, lui è un marinaio, e se lo amate dovete tener duro e non far caso a certe cadute di stile.

Tener duro e non badarci. Non badarci, se quando dorme con voi si sfila sempre prima dell'alba per portare in barca qualche amico; se ogni weekend libero lo dedica alla manutenzione della barca, della moto o eventualmente della mamma; se si scorda del vostro compleanno, della vostra faccia e di informarvi che sta partendo per tre mesi.

Tener duro. E non mostrare crepe, altrimenti...

– Non sarai anche tu una di quelle rompiscatole piena di pretese e risentimenti? VERO?

– Chi, *io*? No no! Non vedi come sono disinvolta *trallallà*. Tu sei un marinaio, ti capisco, non me la prendo mica.

– Brava!

Brava, vi dice: brava. E allora, stoiche, sempre attente a non tradirvi, continuate, il sorriso apprettato sulle labbra, a buttar giù bocconi amari. Ritardi, bidoni, latitanze, indifferenze, sbadigli e femmine: molte femmine. Tutte quelle appassionate veliste in tanga e beauty case; quelle moraccione inquiete; quelle finte bionde che zampettano spedite su tacchi impossibili con aria indaffarata e sbarazzina. Ne incontrate dappertutto: al cine, al super, al ristorante.

– Ciacciao! – trillano le galline ancheggiandovi a fianco. Amiche, dice lui, semplici amiche; ma allora perché se le rigira nelle pupille come se succhiasse caramelle?

– Dài! Non ti dico che mi fanno schifo, ma sono acqua passata, lo sai che sto con te.

– Figurati, mica me la prendo, era così tanto per chiedere. Scherzavo.

– Brava!

Arrossite: siete brava. Una brava bestiola, un cagnolino devoto. E come tutti i cani che si rispettino bastano due coccole per mettervi a tacere. Lui, a dirla tutta, a coccole è un po' scarso, ma è pur sempre un marinaio e voi non lo scordate! Marinaio d'acqua dolce, come sibilano le invidiose, ma l'imprinting – l'imprinting! – è quello. È un marinaio e, anche se non lo dimostra, ama il suo cane. Peccato che a quello stronzo del suo cane l'amore lo dimostra: lo porta fuori almeno due volte al giorno, il cane.

– Geeesù! Non sarai gelosa di Magellano?

– Figurati, io? Mettermi sul piano di un cane! Non sono mica ridotta così male.

No?

E allora cosa ci fate, lì sul molo a uggiolare, mentre lui, Magellano e una bionda in tanga spiegano le vele per un'amena gitarella in un mare di crema pasticcera?

Pillole digestive

Un bel po' di anni fa, in una canzone piuttosto popolare venivano esaltate le qualità di quella che l'autore si onorava di definire la Donna vera. Tra le caratteristiche di costei, c'era quella di non chiedere spiegazioni, di dimenticare le offese, di non recriminare, di parlare piano, di illuminarsi di fronte all'amato, di non vendicarsi, di non liberarsi e, soprattutto, di non farsi sentire ("La donna vera non si sente mai ma è sempre lì vicino, è sempre più vicino").

Questo saggio di toccante sensibilità sta a dimostrare come per certi maschi l'essenza della donna debba coincidere in tutto con quella del cane – con la non trascurabile differenza che al cane è permesso abbaiare. Tuttavia, non si deve credere che costoro siano beceri maschilisti o machi scemi di tipo autoritario, non vi metteranno mai il guinzaglio o la museruola, quel che vi chiedono è una devozione libera e masochistica: una serena disposizione ad avvilirvi in cui rintracciano, di solito tardivamente, la più preziosa essenza femminile. Dico *tardivamente* perché il maschio in questione realizza quanto erano preziose le vostre doti di "non esistenza", solo dopo avervi scaricato come un cane (non il suo cane, ovvio) e senza uno straccio di preavviso. È ormai infatti scientificamente provato che, non appena vi sarete riprese – ovvero dopo che lo psicanalista presso cui avete traslocato vi avrà convinto che *esistete*, non fosse che per i 120 euro che sborsate a seduta – l'Isolotto della vostra infelicità cercherà di ormeggiare nuovamente nell'ampio porto della vostra comprensione, sciorinando un repertorio strappalacrime degno di un guitto consumato.

Gonfio di pentimento, disgustato da se stesso, affilato dalla sofferenza tornerà a voi, udite udite, con un mazzo di fiori, come un figliol prodigo al capezzale di una madre morente.

La scienza, a questo punto, è incline a ritenere che una percentuale altissima di voi gli concederà una seconda chance, per ritrovarsi, tre mesi dopo, al punto di partenza: col guinzaglio in bocca e il desiderio irrefrenabile di addentare la caviglia di qualche bionda finta su tacco dodici. Che tristezza, ragazze, che tristezza.

Vendetta tremenda vendetta

Poniamo che proprio non riusciate a rinunciare a questo ondivago narcisista.

Poniamo come dite: di amarlo. In tal caso vi consiglio di attingere alle corde autoritarie che vibrano nel fondo del vostro animo gentile. Voglio dire: perché, stavolta, il guinzaglio, non glielo mettete voi?

Addestratelo a portarvi le pantofole, tenetelo a stecchetto e fatelo correre, ma tanto, gli farà senz'altro bene. Poi, visto che è un cane marinaio, guardatevi bene dal farlo dormire sul divano: deve stare fuori, all'addiaccio, altrimenti si imbolsisce. E se uggiola e guaisce, insegnategli con fermezza a contenersi: che i veri marinai, si sa, sono taciturni e non si fanno sentire.

Vedrete, sarà contento, conoscerà finalmente una Vera Donna. Esistono uomini e cani, che credono di amare la libertà, ma si trovano meglio in galera.

Ascendente consigliato

Castagnaccio. Un narcisista ondivago può essere sfumato e reso accettabile dal segno meno sensibile dello zodiaco dolciario. Certo, il rischio è quello di ritrovarsi con un narcisista assolutamente gnucco, ma potrebbe anche accadere che il peso specifico del Castagnaccio funzioni da àncora, saldando l'inquieto marinaio al proprio, e al vostro, destino.

Il Profiterole
Un romantico tamarro

L'origine del nome è ignota: si dice che il termine Profiterole indicasse una sorta di panetto cotto sotto la cenere. Quel che è certo è che la montagna di bignè ripieni di panna o chantilly così come la conosciamo, sommersa di cioccolato fuso o più raramente di caramello, esordì ai banchetti dei reali francesi sul declinare del Seicento. Pensando a che razza di piramidi potessero troneggiare su quelle tavole raffinatissime verrebbe da pensare a un dolce dal carattere barocco, tortuoso e pieno di sé. Giusto?

Niente di più sbagliato.

Cambiate film, riponete le *Relazioni pericolose* e prendete i Barbapapà. Sì, avete capito bene. Non fate quelle facce, fidatevi.

Vi chiedo ora di chiudere gli occhi e di visualizzare la casa delle Barba-creature. Così, brave. Mi riferisco proprio a quell'ammasso di sfere ineguali e sovrapposte, abitate ciascuna da un Barba-esemplare. Adesso provate a pensare a una casa analoga, ma abitata da soli Barbabarba (il bebè nero goffo peloso e pasticcione), ovvero una piramide di sfere scure, un po' disomogenee, colme di una soffice energia esplosiva.

Fatto?

Ebbene, ciò che state vedendo è Monsieur Profiterole. Un ammasso di idee magnifiche come la panna e letali come le sue calorie; un vulcano in continua ebollizione, pronto a eruttare cioccolata su se stesso e su chi gli sta attorno. Nutriente, coinvolgente, dionisiaco, ma pesante, ragazze mie, pesante da digerire e difficile da gestire.

Voglio dire, non sai mai come trattarlo: va servito freddo o appena fresco? Si mangia con la forchetta o vuole il cucchiaino? Dentro una coppetta o va bene anche il piattino?

Qualcuno dice che va "preso con le pinze", ma poiché finireste in ogni caso per impiastricciarvi il mento di cioccolato e il décolleté di panna fresca, io vi consiglio di affrontarlo a mani nude. Affondate le dita nella cioccolata e servitevi dei bignè direttamente dal vassoio di portata, ingurgitandoli con la lieta e tormentosa certezza che tutto quello sprizzar di panna renderà presto inservibile la vostra t-shirt e baldanzosa la vostra cellulite. Ma questo è il suo stile, e se volete lui tanto vale adeguarsi. Ed è meglio approfittarne, è un dolce che va gustato fresco.

Il lato scombinato della forza

Chi di voi non aveva un debole per Barbabarba?

Ecco, chi non ce l'aveva è meglio che lasci perdere il Profiterole e il suo gemello dolciario. Chi detesta il casino e l'eccesso (e l'insicurezza che spesso li accompagna) non può reggere un elemento potenzialmente così letale, nemmeno una madre.

Una donna brigadiere dell'igiene è destinata a depressione certa con un figlio Profiterole. Il cucciolo di questa specie ha bisogno di estimatori: gente capace di apprezzare il lato scombinato e scombinante della forza. Perché lui, in quanto a scombinare non è secondo a nessuno.

Avete presente quel genere di bambino florido e giocondo con le guance accaldate e i capelli fradici di sudore? Quello che vola addosso ai compagni per abbracciarli ma si ritrova ad abbatterli? Che resta sempre senza gomme perché le regala, le fa rimbalzare o le scaglia contro qualcuno? Che passa di botto dal riso alla furia, e si mette a lanciare i giochi contro nemici reali o invisibili?

Sì che lo conoscete, lo avete avuto come compagno di classe all'asilo, lo avete ritrovato alle elementari e lo avete perso di vista alle medie. Proprio quello là.

Quello che avete appena rivisto, vestito di pelle, a bordo di una moto.

Le fibrillazioni di un cuore di panna

Dell'infanzia gli è rimasto quell'aspetto arruffato da Barbabarba e le movenze impulsive di un cucciolo domato a stento.

I suoi modi fisici gli hanno guadagnato col tempo la fama del tipo materiale, ma a prescindere dagli infortuni provocati dal suo eccesso di zelo (è tuttora incapace, proprio come all'asilo, di valutare la potenza del suo abbraccio), il Profiterole è il più romantico e altruista di tutti i maschi al cucchiaio: un essere traboccante e incapace di risparmiarsi, l'esatto opposto di un Sacher.

All'inizio tutti lo apprezzano perché dà anche l'anima, ma dopo un po' si accorgono che un'anima così piena di panna può risultare letale. Certo, lui è estroso, gioviale e munifico ma anche impetuoso, intransigente, aggressivo. Può donare tutti i suoi bignè o scagliarli come bombe-panna su chi lo ferisce, lo tradisce, lo contraddice. È un artista incapace di mediare col mercato dell'arte; un atleta insofferente alle regole dello sport, un artigiano geniale e un pessimo commerciante. Insomma, il talento non gli manca ma si comporta sempre come quando estraeva alla rinfusa i giochi dal cestone: con la stessa energia impulsiva e scarmigliata.

La sua indole istintiva e kamikaze lo spinge infatti a considerare la diplomazia una forma incravattata di ipocrisia e, per lui, l'ipocrisia è il peggiore dei peccati; ne discende che ogni forma di moderazione è guardata con sospetto e combattuta con la foga di un crociato.

Sentite un po':

– Signor Profiterole, dicono che moderazione e prudenza non fanno parte delle sue qualità.

– Qualità? Non sono che le maschere della freddezza e della codardia.

– Una definizione di equilibrio?

– Se lo cerchi a terra, tanto vale mettersi a quattro zampe.

– Una definizione di parsimonia?

– La foglia di fico degli spilorci.

– Una di sobrietà?

– La saggezza farlocca degli astemi, in senso letterale e figurato.

– Signor Profiterole, i suoi giudizi sono molto duri, e non tengono conto dell'istintivo senso di autoconservazione che...

– L'autoconservazione è una menzogna della scienza per giustificare la meschinità su scala planetaria.

– Non ci avevo mai pensato.

– È ora che ci pensi!

Bel saggio di carattere, non c'è che dire, gagliardo, radicale, un tantino paranoico e molto, molto passionale. Troppo. Lui, sappiatelo, vuole l'emozione che sfiata ed esalta, il sesso che sfinisce e commuove, il tormento che sfibra e consuma. Avvolge l'amata nel più vellutato degli abbracci, ma provate a mostrarvi doppia o calcolatrice e conoscerete l'ira di un'eruzione lavica di fondente. L'accoglie nella dolce corrente del suo affetto, ma chiunque abbia provato a nuotare in un fiume di panna montata vi dirà (qualora sia sopravvissuto) che stare a galla non è impresa da poco.

Dài ragazze, diciamocelo, non è un tipo per tutte. Oggi,

come allora, il Profiterole ha bisogno di estimatori: del bambino che apprezza i suoi doni, dell'insegnante che sa gustarne la veracità, dei colleghi che sanno valorizzarne la creatività dissennata. Di una donna disposta a sporcarsi le mani.

Ritrovarsi

Lui ce le ha sporche d'olio, le mani, perché ha appena finito di armeggiare con le candele della moto, e stringe le vostre incurante delle impronte nere che vi lascia sulle dita. È lui che vi ha viste, e vi ha chiamate.

Lo squadrate. In effetti ha qualcosa di familiare.

– Non ti ricordi? Sono P, alle elementari sai...

Gesù, come ha fatto a riconoscervi?

– Non sei cambiata molto.

Tutto sommato nemmeno lui.

– Non si dimentica la faccia dell'unica bambina che ti prestava la gomma.

È vero, le altre strillavano come aquile, appena si avvicinava.

– Avevano sempre paura che gli rompessi qualcosa.

Be', in quel settore lui era un professionista: lo chiamavano scassatutto.

– Forse me lo meritavo, ho scassato un bel po' di roba, è vero, ma ne ho anche regalata parecchia. Sai cosa? Oggi faccio sculture con oggetti di recupero! Ho fatto anche un bel po' di mostre, ma con l'arte non si campa.

E chi ci ha mai campato con l'arte.

– E tu, cosa mi racconti?

Che c'è da raccontare? Con un altro provereste a parlare di lavoro, magari mettendo su quell'aria saputa, disinvolta e seduttiva che ostentano le giovani donne in carriera. Ma davanti a Barbabarba vi torna in mente il profumo finta-fragola della gomma delle elementari e la busta di toffolette rosa che lui vi ha regalato, un giorno, circa mille anni fa.

– Te lo ricordi? Non so più se era un regalo di risarcimento o una proposta di fidanzamento.

Sì, ora ricordate. Scassatutto, in terza elementare, vi ha spezzato una Barbie e il giorno dopo vi ha portato una busta di toffolette per chiedervi scusa. Avete sempre creduto che si trattasse di un semplice gesto di risarcimento.

– Secondo me era una proposta di fidanzamento, ma che vuoi? Non sono mai riuscito a farmi capire dalle donne.

Oh mamma che sospirone! Che occhioni languidi! Ma come fa una femmina sana di mente a *non capire* uno così? Vi sentite fremere dal desiderio di ricevere nuovamente i suoi doni, di incoraggiare le sue opere, di immergervi nel suo affetto...

PAUSA: fermate il film.

Se si trattasse di una commedia sentimentale, molte di voi sarebbero già a bordo di quella moto, in fuga verso un dorato tramonto: cuba libre, bacio in dissolvenza su lenzuola di seta. Stacco, alba, colazione a picco sul mare, bacio in dissolvenza su amplesso marittimo...

Fermate il film, ho detto. Non si va al cinema gratis,

ragazze mie, oltretutto, non vedete che è un film scadente?

Scendete da quella moto e ascoltate:

Siete davvero disposte a una vita stabile quanto una piramide di bignè? Vi sentite abbastanza resistenti da sopportare la fatica di un entusiasmo perenne? Siete così dannatamente romantiche da disprezzare ogni sicurezza economica? Tanto solide da resistere ai terremoti emotivi di un uomo votato ai sacri furori?

No?

Allora il vostro film continua così:

– Secondo me era una proposta di fidanzamento, ma che vuoi? Non sono mai riuscito a farmi capire dalle donne.

– Ma va là, era solo un gesto di scuse. Una cosa però me la devi spiegare, cosa ci facevi con tutte quelle gomme?

– Niente di speciale, di solito le mangiavo.

Probabilmente adesso si mangia pure le lamiere: la gente non cambia mai.

Lo congedate e lo guardate allontanarsi a bordo della sua moto, vi controllate le mani sporche di grasso: inspiegabilmente, odorano di gomma alla fragola. Poi vi dirigete, lentamente, all'appuntamento col vostro prestigioso Sacher.

Sì?

Allora vi meritate il seguente finale:

– Secondo me era una proposta di fidanzamento, ma che vuoi? Non sono mai riuscito a farmi capire dalle donne.

– Io l'avevo capito, ma ero così timida!
– E adesso?
– Me lo dai un passaggio?

Pillole digestive

Siamo state in molte a salire su quella moto, lo so per esperienza. Il Profiterole è il tipo che ti inchioda. È così spontaneo, così diretto. Non flirta come un mandrillo, non si compiace come un tacchino. È squattrinato, certo, ma tanto ricco di suo e *bla bla bla*. Per carità, tutto vero, ma come spero di avervi illustrato, l'altro lato della medaglia non è affatto indolore. Se avete intenzione di salire su quella moto, preparatevi a un'avventura estenuante, consapevoli del fatto che per sopportare quel viaggio ci vuole un'indole super-romantica e una genuina inclinazione al martirio.

Se non siete pronte ad affrontare la colata lavica della sua passione, per favore, lasciatelo subito, non mettetelo in freezer: quando si gela diventa terribile, autodistruttivo e addirittura perfido. E, mi raccomando, non siate mai avare, calcolatrici o diffidenti: ve l'ho detto: quando si accorge che qualcuno lo sta prendendo con le pinze scatena il finimondo. Ma nemmeno subitelo, anzi, per il suo bene, aiutatelo a darsi un equilibrio, circondatelo con la panna del vostro affetto ma soprattutto regalategli un disco di pasta frolla su cui adagiarsi e riposare, mentre voi andate a fare shopping.

Vendetta tremenda vendetta

Perché vendicarsi di un uomo che è già un castigo per se stesso?

Ascendente consigliato

Margherita. Per temperare la personalità eccentrica ed esplosiva di un Profiterole ci vuole un ascendente solido, preciso e talvolta anche pignolo. Non c'è dubbio, il Profiterole ascendente Margherita è un uomo quasi ideale: vivace ma concreto. Creativo ma realista.

Il Budino
Come foglie al vento

Il Budino è il classico dessert della tradizione; uno dei dolci al cucchiaio più noti e praticati, fratello di sangue della crema pasticcera cui somiglia nella preparazione, non fosse per la cascata di cioccolato fondente che gli imbrunisce la pelle, per quel cucchiaio di farina necessario ad affrontare il freddo destino che lo aspetta in frigorifero nell'attesa, quanto mai incerta, che si solidifichi. È il dolce di nonne e bisnonne, poco versate nelle alchimie della pasticceria, ma devote al piccolo miracolo di una crema capace di prendere la forma dello stampo e "stare su", in assenza di diavolerie come la colla di pesce o altre sofisticherie alla francese. Un evento, che come tutti i fenomeni misteriosi, non si ripete sempre con i medesimi effetti, ma si affida, ogni volta, alla bizzarria del fato e al fervore della speranza: cosa uscirà dallo stampo, dopo il breve letargo gelato? Una goffa collinetta schiacciata, un blob vibratile e informe, un Budino con tutti i sacri crismi? Reggerà l'urto della paletta o si spiaccicherà, adagiandosi con uno *splat* sul piattino di portata? Sarà liscio, viscido, gommoso, o semiliquido?

Le nonne sapevano perfettamente quanto fosse imponderabile il risultato della loro fatica e si guardavano bene dal cimentarsi con un Budino nelle occasioni speciali. Ne andava del loro onore! Si limitavano così a preparare budini per i nipoti per i quali un pavesino affondato in una qualsiasi crema al gusto di cioccolato era una soddisfazione sufficiente.

Col tempo gli stampi si sono fatti più efficienti, ma la trepidazione della cuoca resta la medesima: potete seguire le ricette alla lettera, ma c'è sempre qualcosa di incalcolabile nella budinità. Essa, la budinità, possiede, infatti, un che di intrinsecamente amorfo; in soldoni stenta a tenere la forma, preferendo lasciarsi andare, abbacchiarsi e appiattirsi in una tremolante indecisione (non a caso si dice: sei molle come un Budino). Questa sua caratteristica rende il Budino (protagonista principale ma non unico della budinità)♥ un soggetto versatile ma inaffidabile. Se è vero, infatti, che potete spalmarlo dentro un pan di spagna, impiegarlo per preparare la zuppa inglese, o addirittura riplasmarlo in un nuovo stampo, non affidereste mai il buon esito di una cena importante all'instabilità di un Budino.

Certo che no! Si tratta di semplice buon senso. Ma, come

♥ La budinità, quel che di tremolante, precario e indeciso, è tipica di tutte le creme destinate a consolidarsi in uno stampo senza l'ausilio delle chiare a neve, della panna montata o della colla di pesce. Il Crème Caramel per esempio, soffre di innegabile budinità, ma poiché forgia la sua forma col calore anziché col gelo, la sua personalità è un tantino più compatta di quella del cugino.

è noto, all'amore il buon senso suona come una beghina inopportuna. Accade dunque che alcune di voi, in genere proprio le più toste, finiscano per impantanarsi con esemplari astrodolciari la cui budinità è sotto gli occhi di tutti.

Perché, anime mie, perché proprio voi? Siete vittime di una suggestione ancestrale, legata al ricordo della merenda preparata dalla nonna? O quelli che a me (ora) paiono i tratti di una budinità extraevidente a voi richiamano il fatalismo mansueto di un personaggio da film francese?

Non è facile distinguere gli ingredienti di questa perniciosa attrazione. Quel che abbiamo osservato è che il maschio Budino attira la femmina con lo stile sottotono, dolce e un po' opaco, del salotto di nonna; la seduce coi modi blandamente ironici e la gestualità composta del bravo ragazzo, e infine la invischia con la sua malinconica ambiguità e la impantana nella sua indecisione perenne.

All'insegna della budinità

Il Budino è un cucciolo magrino ma morbido, con le labbra appena acquerellate tra le guance seriose. Possiede una fisionomia fine ma non straordinaria, colori sfumati, contrasti appena accennati: tono su tono. Non ride mai troppo forte, non si esalta, non si agita. Le maestre lo impiegano spesso come tranquillante naturale da accoppiare allo scalmanato di turno.

Anche se non è il tipo che si fa notare, la sua malinconia composta suscita slanci di tenerezza da parte degli adulti, che il bimbo accoglie con un sorriso indeciso. A casa è docile, si lascia consigliare, non si oppone ai richiami, e svolge i suoi compiti con l'aria diligente e rassegnata che mette nell'affrontare la scuola di karate a cui l'ha iscritto papà, il corso di oboe per far contenta mamma, e le lezioni di kazako che gli impartisce lo zio.

Il Budino si applica a ogni cosa con docilità e senza vera determinazione: tutto gli riesce decorosamente, ma in nulla trova una vocazione. Sa far tutto e sa far niente, l'ambizione non lo spinge, l'emulazione non lo sfiora: dove lo metti sta. Ma non sta mai bene da nessuna parte, se non steso su un letto a fantasticare di trovare, prima o poi, una forma, cioè una vocazione, capace di scolpire la sua tremolante volontà.

Dopo anni di desideri informi e segrete frustrazioni, inizia a dedicarsi ad attività eccentriche nella speranza di pennellarsi addosso un carattere estroso, qualcosa che faccia dire agli altri: – Hai visto Budino? Che tipo! – Ma l'estro non fa parte dei suoi geni, così anche stavolta il ragazzo senza vocazioni "funziona" ma non "brilla": è un artista scolastico, un punk precisino, un esploratore casalingo. Alla fine, stanco di farsi scegliere da troppe inclinazioni, si lascia catturare da una professione, si dedica a testa bassa al lavoro, e si convince di possedere una personalità. Naturalmente, resta incapace di svolte radicali o scelte eccezionali, ma, poiché la dea della budinità♥ è

♥ Vi siete mai chieste perché certe persone senza particolare carisma o talento riescano a far fortuna? Perché la "medietà" riesca sempre a trionfare sul genio, anche in assenza di particolare ambizione? Qualcuno vi darà un sacco di risposte sociologiche, ma io vi dico che, non di rado, la dea della budinità ci mette lo zampino. Certo, se poi uno ha la fortuna di nascere in uno stampo d'oro, la dea non deve fare neanche troppa fatica.

generosa, il ragazzo si trova spesso favorito dalla sorte. Vuoi per la sua duttilità, vuoi per l'innegabile piacevolezza dei suoi modi, senza spintonare o sputtanarsi troppo il Budino non fatica a fare carriera, purché sia introdotto, pare ovvio, in una struttura solida (meglio ancora se si tratta di una struttura di famiglia), e non gli tocchi far ricorso all'inventiva per promuovere se stesso. Funzionario di banca, giornalista, professore, ricercatore, operaio specializzato, marketing manager, commesso nel negozio di famiglia, il Budino va per la sua strada, diligente come sempre, sfumato, amabile, sostanzialmente inappuntabile. Ma un tarlo sempre lo rode: che accadrà se qualcuno volterà lo stampo? Sarà in grado di reggersi da solo sul piatto di portata della vita?

Il dubbio lo dilania, e mentre il lavoro marcia come deve, in amore fa un casino dopo l'altro: da ragazzo si è spalmato in diverse avventurette, poi si è fatto scegliere da una serie di donne autoritarie. L'ultima l'ha addirittura impalmato! L'orribile megera l'ha messo alle strette, poveretto, e come poteva uno come lui resistere al richiamo di uno stampo solido come il matrimonio? La strega gli ha scodellato anche un paio di marmocchi – lui non se la sentiva, questo è chiaro – ma sai come sono certe donne: se non le fai figliare ti rendono la vita un inferno. E adesso i figli: una fatica! E lei nemmeno più lo ascolta. Il sesso poi, non se lo ricorda punto. Ma per fortuna ora ci sei tu.

Tu. L'amante

Amante, che titolo fuori moda: atmosfere da motel, stole di visone clandestine, lacrime e cioccolatini a forma di cuore. Bisognerebbe inventarne un altro. Un altro nome per le amanti del nuovo millennio, qualcosa di meno squallido, meno furtivo, meno precario. Un nome capace di rendere giustizia, per esempio, alla vostra splendida storia d'amore con il Budino. Come raccontare, altrimenti, i suoi sguardi da ragazzo, la sua gentilezza pacata, la malinconia che impronta i suoi gesti misurati? Come descrivere l'incanto struggente delle notti passate insieme a un uomo così delicato?

E dire che all'inizio, con quei suoi modi beige e quello stile riservato e un po' *fané*, non l'avete neppure notato... ma poi, di colpo, si è come staccato dalla tappezzeria della vostra vita quotidiana, e si è acceso come un giovane sole pronto a riversare il suo tepore. Lo riversava un po' su tutte, a dire il vero, il tepore, ma più che altro per gioco; un innocente gioco di seduzione: la consolazione di un poveretto incastrato nello stampo gelido del matrimonio. Voi l'avete capito da subito, e no, *voi* non vi siete accontentate di flirtare come tutte quelle mosche che gli ronzavano intorno *obbligandolo* a recitare la parte del dolce narciso. Voi, che siete tanto acute, avete compreso che il triste prigioniero aveva bisogno della *vostra* mano per evadere da una prigione gelata.

I dolori di un Giovin Budino

Sbaragliata facilmente la concorrenza delle sciacquette vanitose e delle carampane sensibili, siete diventata la sua amante comprensiva, il suo psicologo, il suo confessore. Nelle brevi notti della vostra passione avete così appreso che è tutta colpa di suo padre:

– Il tipico padre vincente...

– E anaffettivo, ci scommetto.

– Sì, anaffettivo, chiuso, lontano.

E di sua madre:

– La classica madre che ti vorrebbe perfetto, che non ammette errori.

– Che non ti lascia scelta...

– Che ti programma la vita.

E di sua moglie:

– Mi ha forzato la mano; non è cattiva...

– Ma autoritaria, è evidente.

– Autoritaria, decisionista, quel genere di donna.

Povera Stella! Quanta vitalità inespressa, quanti sogni infranti:

– Mi sembra di non essere mai stato padrone della mia vita...

– ...Certo! Hai sempre permesso agli altri di plasmarti a loro piacimento.

– Esatto. Pensa che io, per me, avrei voluto fare lo scrittore.

– Amore! Perché non ci hai provato?

– Dicevano che ero disgrafico.

– Che peccato!

– Lo sai che avevo un futuro come chitarrista punk?

– Fantastico! Perché non hai continuato?

– Mia madre diceva che così magro, con la cresta, ricordavo uno scopino da wc.

– Che vipera!

– Ma il mio vero sogno era fare l'esploratore antartico!

– Appassionante! Perché...

– Soffrivo di geloni.

– Che disgrazia.

Ditemi voi se questo non è un destino avverso? Tutto ha congiurato contro di lui: il padre orso, la madre vipera, la moglie strega e infine pure i geloni – e ammetterete che i geloni per uno condannato al freezer sono una bella rogna.

Sì, ce ne è abbastanza per riscrivere una raccolta dei Grimm. Ma voi, da brave fatine, siete giunte appena in tempo per liberare il principe Budino dalla sua maledizione e traghettarlo verso il lieto fine. Un lieto fine in cui, grazie alle vostre arti magiche, troverà finalmente se stesso.

Come liberare il principe Budino

Ahimè, il primo incantesimo che vi tocca eseguire prevede perseveranza e nervi da torero: si tratta infatti di sottrarre il principe alla morsa di una donna che non solo non sa valorizzare la sua cangiante personalità, ma gli procura persino i geloni. Ma quando il Budino mangia la foglia, ovviamente, si squaglia: i travasi lo rendono nervoso. E allora addio notti focose, si spalma sul divanetto di casa vostra con l'aria di un materassino bucato e il sex appeal di una melanzana alla griglia, mentre voi gli ronzate intorno come un'ape laboriosa, con ambizioni da ipnotista:

– Mollala, non ti ama...
– Siii... però... i bambini.
– Mollala: non ti capisce.
– Siii... però la famiglia.
– Mollala: ti sfrutta.
– Siii... però... gli alimenti.
– Mollala: o ti mollo io.

Brave, bravissime: inutile recitare il ruolo della fata languida, bisogna diventare un sergente dei marines, ecco cosa bisogna diventare. Lui è molto sensibile ai metalli e la fredda minaccia di un mitra può fare miracoli.

Col mitra puntato alla tempia il delicato dessert si appresta dunque a studiare una strategia per sbarazzarsi dalla moglie. Poiché l'originalità non è il suo forte e le trame dark, grazie a Dio, non lo hanno mai intrigato, il malmaritato opterà per un classico della codardia, in voga sotto ogni cielo dall'inizio dei tempi: *farsi mollare.*

Come ogni femmina maggiorenne sa perfettamente, la manovra consiste nell'assumere e reiterare fino alla nausea un'aria afflitta, corredata da cupi silenzi, scatti di nervi, gravi sospiri e dichiarati disagi esistenziali col fine di innescare nel partner un'esasperazione crescente, che culmina nella rottura.

La moglie del Budino, che è femmina ed è anche maggiorenne, riconosce la patacca come se si trattasse di un falso

Vuitton – c'è un'amante, mica è scema – ma davanti alle afflitte contorsioni del marito, invece di mollarlo con congrua richiesta di alimenti, lo trascina al cospetto di un counselor matrimoniale. Che furbastra! Il Budino ci si lascia condurre: si dimena, si imbarazza, si fa di marmo; balbetta, sta muto, piagnucola affranto. Per fortuna dopo queste terribili sedute, può correre tra le vostre braccia (armate di mitra) per sottoporsi a una ramanzina coi fiocchi: *Scegli scegli scegli!*

Stretto tra due eserciti, il Budino sente fremere tutta la sua fragile budinità: *che vinca il migliore*, si dice.

Dopo due mesi e otto deprimenti sedute, la moglie decide che i congrui alimenti sono senz'altro più sostanziosi di un traditore con pretese da esistenzialista, ritira il suo esercito e scodella il *vostro* amante. Sull'uscio di casa *vostra*:

Splat.

Pillole digestive

Splat.

Eccolo lì, sul vostro zerbino.♥

Posate il mitra, raccogliete l'amante e lo adagiate cautamente su un piatto di portata. Che fare ora? Edificare subito le pareti di un nuovo stampo – casomai in silicone che è un po' più confortevole – con cui arginare la sua confusa sensibilità? O lasciarlo libero, col rischio che vi

♥ Lo so a cosa state pensando, ma vi prego di risparmiarmi questa facile ironia. È l'uomo che vi siete scelte, quindi adesso è inutile fare dello spirito.

sgusci tra le dita per andare a nascondersi dentro un pan di spagna, a scrivere romanzi di formazione con un'ardita crestina da punk sulla testa?

Non so che dirvi.

Ma so cosa *non* dirvi. *Non* vi dirò che gli uomini sono *tutti* eterni adolescenti, che non sanno crescere, che non vogliono assumersi responsabilità eccetera eccetera eccetera. Soprattutto *non vi dirò* che il tipino afflitto e indeciso che vi siete scelte soffre della cosiddetta "sindrome di Peter Pan", un complesso inventato a bella posta da qualche Budino (o da qualche Wendy invecchiata male) per conferire simpatia alla propria tempra tremebonda. Se questi Budini fossero davvero come Peter Pan la nostra vita di mogli, fidanzate o amanti sarebbe uno spasso. Quel che manca a questi esemplari – ma forse non solo a loro – è l'immaginazione: la capacità di inventare la propria libertà oltre gli stereotipi del cattivo cinema e della psicologia ciancicata. Come i veri seguaci di Peter Pan sanno benissimo, il gioco non si riduce a una storiaccia clandestina, una partita a calcetto, una sbronza di troppo o un viaggio in Patagonia. Ma a stile, lotta e generosità.

Guardatevi dunque, amiche mie, da coloro che usurpano il nome del ragazzo eterno per cuocervi a fuoco lento nel pentolone della propria irrisolutezza e delle vostre recriminazioni. Forse non lo sanno, ma vogliono solo farvi sentire più vecchie, più rigide e più sole. Non cascateci.

Ora guardate il Budino e scegliete. Sì. *Voi* scegliete. Non per lui, ma per voi. A lui ci penserà, state tranquille, la magnanima dea della budinità.

Vendetta tremenda vendetta

Poniamo che l'amante siate voi. Non insinuo niente, è solo un'ipotesi. Ve l'hanno scodellato sullo zerbino e voi l'avete raccolto con cura, sperando di iniziare, finalmente, una libera e intensa vita di coppia.

Purtroppo il Budino si rivela da subito svogliato, disattento e poco coinvolto: ha da recuperare la libertà perduta, lui.

Inizia, allora, a comportarsi come un sedicenne, facendovi passare per una rompiscatole castratrice ogniqualvolta osate chiedere un briciolo di impegno sul futuro. Può farlo! voglio dire: può permettersi di fare il cretinetti quanto vuole, tanto sa che *voi*, come sua moglie prima, avete sempre pronto un bello stampo che lo attende in freezer non appena la libertà comincerà a farsi rischiosa. *Voi*: il generale d'acciaio, la donna di ghiaccio, l'autoritaria piagnona che non avreste mai voluto essere.

E allora? Anche in questo caso, per dargli una lezioncina, non vi resta che fargli da specchio. Provate a regredire, non è difficile! Reclamate spazi di libertà, trastullatevi con velleità artistiche e assumete bronci inquieti da modella anoressica. Non fatevi trovare, non fatevi sentire, sbuffate alle domande, sibilate a denti stretti le risposte. Insomma trattate il Budino proprio come trattavate vostra madre quando eravate adolescenti. Sprovvisto del gelido stampo cui si aspetta di tornare, il ragazzo beige si squaglierà come una crema pasticcera e, al pari del degno compare Flottante, tornerà a voi implorando perdono in ginocchio sui ceci. Concedeteglielo, se credete, e alzate le pareti dello stampo affinché non possa più sfuggire.

Vale per lui quel che si diceva di Flottante: molti maschi flirtano con la libertà ma sotto sotto anelano alla schiavitù.

Ascendente consigliato

Profiterole. Certo, si tratta di un'accoppiata rischiosa, ma la passionalità cieca del Profiterole potrebbe rendere il Budino un po' meno piagnone e inerte. Inoltre la sua genuina creatività aiuterebbe l'uomo Budino a trovarsi una passione sincera e duratura.

Vanità, il tuo nome è Mousse

Non esiste una ricetta unica per realizzare questo dessert♥ ma, quale che sia la procedura, una cosa è certa: una Mousse, per stare in piedi, necessita di una quota massiccia di panna montata e di un numero variabile di albumi montati a neve. *Aria, Aria, Aria.* La consistenza di una Mousse è quella di cui son fatti i sogni, le nuvole e la schiuma da barba.

In mancanza di dati storici certi, si può supporre che questa impalpabile creazione nasca, come al solito, dalla immaginazione di qualche pasticcere di corte francese, ispirato, forse – chi lo sa? – dalle parrucche (note col suggestivo nome di *pouf*) che svettavano come soffici torri sulle testoline di dame, favorite e principesse, prima che

♥ Disponibile ormai in un numero impressionante di versioni e gusti: dalla coppetta alla torta nuziale, dalla A di Amarena alla Z di Zorro.

la rivoluzione decretasse con sintesi mirabile di far piazza pulita di parrucche e testoline insieme. Ma, una volta eliminati i simboli di un lusso tanto sfrenato, solo un sanculotto totalmente privo di misericordia (oltre che di papille gustative) avrebbe potuto decidere di privare l'umanità di un dessert paradisiaco come la Mousse. Così, grazie alla blanda censura di qualche rivoluzionario magnanimo e goloso, la Mousse passò dalle tavole di corte a quelle del popolo, mantenendo, però, il sussiego che deriva dall'oscura memoria di un'origine blasonata.

Può darsi che le cose non siano andate proprio in questo modo, ve lo concedo. Ammetterete tuttavia che la mia ricostruzione è quantomeno sensata e si presta a spiegare il compiacimento che trapela dalla delicatezza di questo dessert, paragonabile, immagino, all'alone di arroganza che emanava dalle acconciature di Maria Antonietta e delle sue sodali. D'altronde, l'espressione "darsi delle arie" deve pur arrivare da qualche parte, e i toupet settecenteschi, così come le Mousse, di aria ne incorporavano parecchia! Aria che conferisce leggerezza ma, inevitabilmente, gonfia. E poiché quando diciamo che qualcuno è un pallone gonfiato, non intendiamo esattamente fargli un complimento, avrete capito, care compagne di avventura, di che pasta è fatto l'uomo che stiamo per analizzare.

Sono certa che non stenterete a inquadrare il soggetto: ne avete conosciuti di uomini con l'ego montato a neve, no? Un ego gonfio e tronfio, che convive, nel caso del Mousse, con uno spirito entusiasta e leggero. L'aria che lo gonfia e lo sostiene d'altronde produce questo duplice effetto: simpatia e tronfiaggine variamente modulate. Siamo dinanzi a un maschio dotato di humour, immaginazione e inventiva. *Ma.* Ma potrà tutto questo farci digerire l'autocompiacimento – scandaloso – con cui accompagna ogni gesto: dal farsi il nodo alla cravatta a infilarsi le pantofole? Siete abbastanza defilate, autonome e soddisfatte di voi stesse da accettare di buon grado il ruolo della ciliegina sulla torta?♥

Se non lo siete, passate direttamente al capitolo seguente. Se al contrario vi credete capaci di mandar giù dei gran bocconi d'aria (e di tollerarne i conseguenti borborigmi) leggete queste pagine, saranno altamente istruttive. Qualora, nel frattempo, abbiate già iniziato una relazione con questo genere di maschio, vi consiglio di darvi subito da fare per conservarlo a dovere: riponetelo in frigorifero lontano dai limoni. Ha bisogno di frescura e teme l'acidità. Niente infatti è più deprimente di un ego smontato dopo una sbornia di aria, o di uno spirito di panna inacidita.

Specchio specchio delle mie brame

Riconoscere il piccolo di Mousse è un gioco da ragazzi: quando osservate un bebè incollarsi allo specchio con ventose degne di Spiderman, esaltarsi davanti alle proprie fattezze e rispondersi col più assassino dei sorrisi sdentati;

♥ Sì perché, mettetevelo bene in testa, il ruolo di protagonista non ve lo molla neanche se lo minacciate con un fon bollente.

quando notate un pupo in passeggino che si sdilinquisce come un innamorato ogni volta che incappa in qualche superficie riflettente; quando vedete un nanerottolo che preferisce rimirarsi nel cucchiaio piuttosto che mangiare la pappa che ha spruzzato sulla *vostra* persona... ebbene, signore, avete trovato quel che cercavate.

Dal giorno in cui ha incontrato il suo primo specchio, il maschio di questa specie dedica alla propria immagine una dedizione sbalorditiva: si ammira per ore con gagliarda tenerezza, comportandosi fin dai primi anni di vita come se l'alogena del soggiorno fosse un riflettore e lui la star di uno show infinito.♥ Se riesce ad avere spettatori tanto meglio, altrimenti lo specchio può bastare. Se trova oggetti di scena idonei (maschere, travestimenti da carnevale... etc.) li sfrutta al meglio, al contrario se li fabbrica, a costo di danneggiare per sempre il guardaroba di famiglia: può farsi principe, fatina, cantante o aspirapolvere, a patto che, sia ben chiaro, si tratti di un aspirapolvere famoso. Perché la fama, più che la bellezza, è il fantasma che lo solletica al di là dello specchio; forse non sarà il più bello del mondo (dico *forse*) ma una cosa ce l'ha ben chiara in testa: lui è troppo irresistibile per non diventare celebre.

♥ Lo so. Cosa credete? Lo so che dopo un secolo di trattazioni sul "narcisismo" come patologia, questo mio ritratto potrebbe far inorridire i professionisti della psiche. Ma, che volete, le nuove scienze sono sempre rivoluzionarie.

Di tutto e di più

Per portarsi avanti, esagera alla grande, fiducioso che tutto quel gas lo condurrà da qualche parte, prima o poi.

A scuola è una tromba d'aria: parla senza alzare la mano, corregge la maestra, spara battute a raffica, colleziona note; coi compagni vanta parentele famose e proprietà inesistenti; nei giorni in cui si sente particolarmente solenne, annuncia di essere vittima di una rarissima malattia mortale.

È un millantatore nato, al punto che la famiglia teme di riconoscere in lui la vocazione del politico, ma il suo spirito da narciso anarchico lo sospinge verso una carriera da solista. È quello il suo destino: non gli importa del potere, quel che vuole è la ribalta.

L'adolescenza gli arriva come un tir dritto sul (bel) muso: in un'età in cui tutti si contendono la scena, il Mousse deve lottare con ogni mezzo per mantenere il suo primato, e ci riesce, anche a costo di rendersi ridicolo. Anzi, *soprattutto* rendendosi ridicolo (e mettendo in ridicolo chi gli sta intorno). Si abitua così a fare il balordo, il pagliaccio, il cabarettista di turno. Venderebbe la madre per una battuta. Ma chi lo conosce bene sa che l'umorismo è solo un paravento alle sue manie di grandezza, e anche adesso che ha superato la quindicina, nell'intimità della stanza da bagno il ragazzetto tiene formali conferenze stampa davanti allo specchio: rilascia dichiarazioni sulla sua vita da rock star, inclina la testa con l'aria giudiziosa del giovin scrittore, arriccia il labbro da latin lover. In sostanza, si comporta come la maggior parte delle sue coetanee femmine, le quali non a caso, lo trovano "adorabile".♥ Lui d'altronde condivide con loro la propensione al pettegolezzo, il gusto del dramma sentimentale e il culto dell'imprudenza. Ma, mentre le sue amiche, crescendo, cedono alle sirene della moderazione e del buon gusto, lui rimane il millantatore di sempre: il tipo ondivago e spumeggiante, il ragazzo originale e irritante che è sempre stato. Tuttavia si sbaglia di grosso chi lo crede un soggetto poco serio: il Mousse può aspirare ai riflettori di Hollywood quanto al soglio pontificio, purché, in questo caso, gli assicurino una mozzetta bordata di ermellino.

Forse ci metterà un po' a scegliersi un destino ma quando, tra mille inclinazioni, finisce per incontrare una passione, il Mousse riesce a diventare un professionista entusiasta, preciso e persino pedante. È un bravo attore, un parrucchiere brillante,♥ uno scrittore compiaciuto e persino un professore amabile (e cos'altro sono i professori se non guitti sottopagati per intrattenere un pubblico d'ingrati?). Ma, se tra i mille scenari di gloria che ha sognato il nostro dessert d'aria non riesce a calcarne almeno uno con successo, rischia di "smontarsi" e di tramutare la sua carica impetuosa in una cieca cascata di acidità. E allora *addio* dolce Narciso! Dell'uomo che ha sedotto il vostro cuore non resterà che una tazzina di yogurt.

♥ Questo capita soprattutto quando il ragazzo è un giovane gay, fatto abbastanza comune tra i maschi Mousse. Nel mondo gay si incontrano anche svariati Babà, Profiterole e Sacher. Parecchi Millefoglie, qualche Castagnaccio, e un buon numero di Strudel e Margheriti. Rarissimi o del tutto assenti sono invece i Saint-Honoré e gli Île Flottante.

♥ E ne troverete di Mousse in questa professione, forse l'unica che consente all'essere umano di stare costantemente davanti a uno specchio.

Colpo di fulmine?

Appena lo conoscete rimanete stregate dal suo sguardo assassino: Dio, con che occhi vi guarda! *Questo è cotto*, pensate. E in quattro e quattr'otto decidete che si tratta dell'uomo della vostra vita. *Colpo di fulmine.*

Be'… sì, ci restate un po' male quando realizzate che lo sgallettato, in realtà, stava solo amoreggiando con le vostre lenti a specchio, ma ormai la *faccenda del colpo di fulmine* si è già fatta strada nella vostra romantica testolina, e non c'è femmina capace di resistere al mito dell'amore a prima vista. Quanto a lui, spumoso più che mai, notando il vostro interessamento, si convince subito di essere un vero latin lover. Allora vi guarda (questa volta guarda proprio voi), vi soppesa e, proiettandosi in un luminoso futuro, capisce che siete esattamente il modellino che stava cercando: il capo elegante ma discreto, con cui affrontare la prossima stagione della vita.

Sì, sì, gli donate proprio, ne è sicuro. Come Mary Jane donava all'Uomo Ragno, e una borsa di Hermès sta divinamente appesa al vostro braccio.

Tuttavia il Mousse non è il Babà, non vuole esibirvi per ottenere prestigio sociale; a lui interessa che siate intonate al colore dei suoi occhi e alla vita che si sta costruendo. Ovviamente, per aderire al personaggio che vi ha cucito addosso, siete obbligate a darvi qualche piccolo ritocco, ma che sarà mai un ritocchino in confronto alla felicità eterna! Così, se lui vuole sfondare come scrittore, vi procurate un'aria enigmatica e un paio di occhialetti severi. Se si crede poeta, assumete i panni della pallida musa rétro (un po' Lancôme un po' *rive gauche*). Se è parrucchiere inalbererete acconciature degne di Maria Antonietta, e se ambisce ai riflettori della scena rock, dovete solo imparare a drogarvi e a far colare sapientemente matita e mascara. Se, infine, aspira a calcare il palcoscenico, potete osare tranquillamente il peggio, che tanto va sempre bene.♥

Ora siete pronte a recitare la vita al suo fianco. Armate di passione e del solido autolesionismo che tenete sempre in borsetta insieme al rossetto e ai fazzoletti di carta, vi apprestate dunque a fare la ciliegina sulla torta.

Le fatiche di Madame La Cerise

Mbe'? – dite – che male c'è a starsene adagiate su un soffice materasso? Se questa è la vita della ciliegina io non me ne lagno.

E perché dovreste? È vero che avete un ruolo perlopiù decorativo, ma le decorazioni gli sono necessarie come gli addobbi a un albero di Natale e anche se non vi ascolta e ignora praticamente qualsiasi problema vi riguardi, mica vuol dire che non vi vuole bene. Lui è fatto così, crede in tutta onestà che quando non siete accanto a lui non esistete e basta. Siete un po' come il genio della lampada o

♥ Nello sventurato caso continuasse a vagheggiare il soglio pontificio, vi consiglierei di lasciar perdere.

l'amico immaginario dell'asilo, Mousse vi evoca e... oplà!

Ma, soprattutto, siete la sua ombra o, forse, il suo riflesso nello specchio. Per questo vi *adora*, e vi guarda – qualche volta – con la stessa tenerezza che dedica al lavello inox e alla pentola a pressione.

Vi *adora*, gentili ciliegine, e poiché siete ormai parte di lui non può che promettere a voi ciò che ha giurato a se stesso: vi porterà in cima al mondo, i suoi successi saranno vostri, vostre le sue glorie e i panni da lavare. Naturalmente essendo voi la sua musa ispiratrice (e lavatrice) vi dedica la sua opera prima:

– un libro: *La versione di Cherry;*♥

– una poesia: *A Gina*;♥

– una canzone: *Cerezita;*♥

– un'acconciatura: *Chignon à la cerise*.♥

Quindi si accomoda e aspetta trepidante che il mondo gli tributi gli onori dovuti. Mentre voi, sua musa, trattenete il fiato e incrociate le dita.

Ma ecco che un giorno il vostro Mousse (lo scrittore, il poeta, il parrucchiere, fate voi) ritorna a casa di dieci centimetri più basso del solito:

– *La versione di Cherry* ha venduto 98 copie in un anno!

– Ma come? Un romanzo tanto bello...

♥ Romanzo di formazione sull'esperienza di una ragazza trasformata dall'amore di un affascinante scrittore.

♥ Componimento che dà il titolo a una deliziosa raccolta di liriche duttili e giocose.

♥ Spiritosa ballata rock.

♥ Uno chignon pompato come una ciambella, sormontato da una vezzosa ciliegina di ceramica rossa.

– E certo! Quel C dell'editore, non l'ha spinto!

– Va bene l'editore, ma il pubblico?

– Il pubblico? Dico: lo conosci il pubblico di questo paese?

– Ma la critica? Non dicevi che ai critici sarebbe piaciuto?

– Sì, i critici! buoni quelli... Sicuramente se lo sono perso, si perdono sempre tutto quelli lì, se non sei uno della loro cricca...

Deve essere per forza così. Altrimenti come si spiega che un gioiello delle patrie lettere, cioè la raccolta poetica *A Gina*, non abbia avuto uno straccio di recensione?

Che l'intrigante ballata *Cerezita* non sia stata notata da nessuno, oltre ai cugini e agli amici stretti che continuano a visionarla su myspace?

Che l'ardito *Chignon à la Cerise* non si sia guadagnato nemmeno una nomination al concorso "Forbici d'argento"?

È evidente: esiste un accanimento della critica, del pubblico e del fato che come un vento bollente attentano alla dignità del vostro uomo.

I giorni passano ma il successo scansa le sue opere neanche fossero cacche di cane. Mousse si guarda nello specchio: rilascia dichiarazioni sarcastiche, frasi lapidarie, sentenze velenose, ma né lo specchio né i vostri occhi riescono a restituirgli il turgore di una volta. Mousse si squaglia, è così spompato che pare il *pouf* di Maria Antonietta dopo una sassaiola di sanculotti; e, quel che è peggio, sta trasformando in rancore tutto quel che sta perdendo in volume...

Olà come va lassù, care le mie ciliegine? Sempre comode come odalische o cominciate a sentire un po' di mal di mare?

Come? State prendendo lezioni di kayak per tenervi a galla sulle rapide acide che hanno travolto il vostro ménage?

Bravissime, ma ce la farete ad affrontare la cascata?

Pillole digestive

In altre occasioni, con altri uomini, vi consiglierei di pagaiare a tutta birra verso rotte più sicure.

Ma ora no, Mister Mousse non se lo merita. Sarà anche un incorreggibile narciso ma è capace di progetti, sa farvi ridere e può proiettarvi in mille futuri. Non merita di essere sganciato. Quindi se volete dimostrare di essere qualcosa di più di una semplice decorazione, raccogliete tutto il fiato che avete in corpo e *soffiate*. Lo sapete bene: *vive* d'aria, e se l'ambiente lo schiaffeggia e l'autostima non lo regge finirà per morire d'inedia. Il vostro uomo ha bisogno di una lunga respirazione bocca a bocca, necessita di tutta l'aria e il fiato che potete donargli.

Piantatela allora di fare la musa silenziosa, e trasformatevi nella più combattiva delle agenti: è questo di cui ha bisogno. Armatevi di scimitarre e scudi e cercate di proteggerlo dalle mortificazioni che rischiano di ridurlo a una pozzanghera di yogurt. Credete in lui anche quando fato, pubblico e critica gli voltano le spalle. Perché Mousse qualche volta ha ragione: pubblico, critica e fato spesso si alleano in una stanca ottusità e lasciano cadere nel nulla le piccole stelle di milioni di Mousse. Ma voi siete il suo specchio: sorridetegli e tornerà a risplendere.

Vendetta tremenda vendetta

Un Mousse è anche troppo facile da smontare! È vero che è egocentrico, narciso e autocentrato, ma non infierite, per favore, ci pensa già la vita a ridimensionarlo. A meno che, *a meno che* i successi lo trasformino lentamente in una specie di Babà. Allora, ma solo in questo caso, accendete il grill del sarcasmo e squagliatelo sul posto: lo conoscete come le vostre tasche, non sopravvivrà.

Ascendente consigliato

Margherita. Solido, concreto. Anche troppo forse. Margherito può dar gambe ai sogni di ogni Mousse.

I Casalinghi

Quella di dolce casalingo è una definizione generica, nata per indicare i prodotti da forno semplici e tradizionali in opposizione a quelli di pasticceria, più sofisticati e difficili da realizzare. Oggi, che anche le pasticcerie più snob si fregiano di sfornare torte di pane e che, grazie ai prodigi dei robot da cucina, persino la femmina più negata può cimentarsi con una Sacher, questa distinzione appare più sfumata. Detto questo, dal punto di vista astrodolciario, gli uomini associati ai dolci casalinghi mantengono un aspetto, e talvolta un carattere, più genuino e solido dei loro confratelli. Vagamente sovrapponibili ai segni di terra (ma con svariate caratteristiche di fuoco), appaiono in teoria i classici dolci da altare. Ovvero nutrienti e calorici, ma più schietti di quell'ampia consorteria di maschi che, tra creme e glasse, panne e meringhe, attenta quotidianamente alla salute del nostro fegato. Tuttavia, si sa, non è tutto oro quel che riluce, e anche il rassicurante profumo che si spande dal forno di casa può nascondere soggetti di non facile digestione.

I maschi Casalinghi, nella loro basica semplicità, sono indicati, con le dovute eccezioni, a un gran numero di donne. Anche se, per esempio, le vanitose e le ambiziose prediligono dolci più vistosi e le ipersensibili rischiano lo schianto emotivo con gran parte dei modelli. (Ma le ipersensibili, lo dico per esperienza, si schiantano in ogni caso.)

Avvertenza: un esemplare che inseriamo, per comodità, in questa sezione ma che si sottrae alle classificazioni tradizionali, è il Castagnaccio, *un archetipo maschile che sembra acquattato nella psiche di ogni uomo, aspettando di uscire, prima o poi, per mettere a dura prova la resistenza della donna.*

Il Castagnaccio
Ovvero il maschio universale

Nera è la notte del Paleolitico, nonostante le stelle e una luna tonda e brillante. La donna guarda l'astro e qualcosa, nel profondo, le dice che quello sarà nei secoli il suo nume tutelare. Guarda le stelle e qualcosa, nel fondo del profondo, le instilla il desiderio di agghindarsene: non sa ancora come, ma sa che lo farà. L'uomo contempla il buio, e qualcosa, nel profondo, gli dice che è ora di dormire. Immerge i pensieri nella notte, ma qualcosa, nel fondo del profondo, gli instilla il desiderio di assaggiarla, la notte: non sa ancora come, ma sa che domani, sotto la minaccia della clava, la sua donna, quel cibo cupo e oscuro, se lo dovrà inventare.

... Allora la femmina prese i frutti del castagno messi a seccare dal compagno e da costui usati come proiettili da

fionda, li spellò, ne saggiò la consistenza gnucchissima e sorrise. Quindi, poste le pallottole nel mortaio di pietra prese a malmenarle con un pestello di granito, assistita dall'energia sovrumana che nasce solo dalla disperazione o dall'eccitazione febbrile che accompagna le grandi scoperte. Quando le castagne furono ridotte a una polvere impalpabile, la donna vi miscelò piano piano un po' di acqua del ruscello, fino a produrre una pappetta collosa, vi immerse un dito, se lo portò alla bocca, e di nuovo sorrise. Toccava al fuoco, ora, imbrunire e compattare la poltiglia misteriosa.

Desperate Cavewives

Con quali astuzie la donna paleolitica, in flagrante assenza di teglie, sia riuscita a ultimare il Castagnaccio, resta uno dei più affascinanti misteri della preistoria, ma i paleoantropologi di tutte le scuole concordano nell'asserire che, con quel dolce, la donna della pietra abbia inteso realizzare un ritratto del maschio della sua epoca, lanciando un grido di aiuto alle stelle e un duro avvertimento alle femmine del futuro.

La paleolitica verificò, ahimè da subito, l'efficacia della propria opera: le similitudini tra il maschio e il Castagnaccio erano davvero sconvolgenti. La scura torta di castagne presentava la fiera inamovibilità di un masso di granito, la gommosità di una zolla di fango e la densità di un buco nero (le donne del Paleolitico erano piuttosto erudite a proposito delle bizzarrie del nostro universo).

Affidando la propria scienza ad appunti rupestri, le nostre progenitrici osservarono che: se il maschio mangiava orsi cresceva in coraggio; se ingurgitava testicoli di toro alla griglia migliorava senz'altro le sue performance amatorie e se si ingozzava di Castagnaccio rafforzava le sue, peraltro notevoli, doti di gnuccheria. È triste ammettere che, con la creazione del Castagnaccio, quelle donne coraggiose avevano accresciuto la scienza, ma si erano rovinate una già grama esistenza. I diari rupestri dell'epoca raccolgono gli amari sfoghi delle cavernicole a questo proposito, ma forniscono anche un preziosissimo reperto♥ del rapporto di coppia nel Paleolitico. Ecco quel che si "legge" in una grotta non distante dal noto sito di Chauvet.

Frammenti da un diario rupestre

Cara parete di roccia, finalmente ho il tempo di dedicarmi un po' a te e a me stessa. Vivere con Ghu sta diventando molto stressante. Trenta lune fa gli ho chiesto di portare fuori l'immondizia dalla caverna. – Ghu – ha risposto lui, intendendo che sicuramente l'avrebbe fatto. Figuriamoci! La cucina adesso è invasa dai vermi e a chi tocca pulire? Certo non a lui, lui è fuori con quei rozzoni dei suoi amici,

♥ Mi perdonerete se non riporto le pitture rupestri originali, ma i caratteri della tastiera sono sfortunatamente molto limitanti. Chiedo scusa anche se la traduzione vi potrà apparire un po' libera, ma mi pare opportuno interpretare e aggiornare il pathos di quelle antiche sorelle in modo da rendercele un po' più vicine.

a tirare calci a un cocomero (Ma si può pensare a un gioco più scemo?). Ma fosse solo quello... il punto è, cara la mia parete, che mi sento sola come la proboscide di un mammuth! Quando sono venuta a stare con lui, mi sembrava un ragazzo dolce e sensibile, ora invece mi pare di vivere con un Castagnaccio spesso come una lastra di granito. Ogni volta che cerco di fare un discorso, mi guarda con l'occhio opaco di uno che si è preso una clavata sulla zucca: non capisco se è vivo, morto o dorme con gli occhi aperti. Fino a qualche tempo fa mostrava una certa insofferenza, ora invece assume quell'aria da semivivo che, francamente, mi fa anche un po' paura. – Hai capito? – chiedo dopo aver monologato dal sorgere al calar del sole, gesticolando, piangendo, ammonendo, emettendo strepiti e sospiri, alternando risatine isteriche e accorati appelli: cercando, in pratica, di comunicargli tutta l'angoscia di una femmina in crisi coniugale. – Hai capito? – ribadisco. – Ghu – fa lui, con gli occhi bassi – ghu. Ma la mia sensazione è sempre quella di parlare a un Castagnaccio: da un lato le mie parole rimbalzano come un'eco sulle pareti della grotta (e mi riferisco al carattere elastico di questa sventurata torta), dall'altro sembrano scomparire nel buco nero di una notte nera (altra caratteristica ampiamente descritta nel trattato che mia madre affrescò nella nostra caverna, ormai parecchie lune fa). Mamma lo diceva sempre: – Non si scappa, figlia mia: guarda tuo padre, guarda i tuoi fratelli, di riffa o di raffa, in ognuno di loro si cela un Castagnaccio. E a noi – aggiungeva – ci tocca parlare a vanvera come delle neandertaliane! Col bel risultato che le barzellette del futuro faranno di noi le classiche rompicoglioni isteriche e di loro le povere vittime di mogli petulanti.

Povera mamma! E povera me. A volte vorrei che Ghu scoprisse questo mio diario, ma poi temo che si limiterebbe a buttare un'occhiata indifferente o perplessa, mormorando, con un'alzata di spalle: – Ghu?

Che ne pensate? Io, personalmente, non riesco mai a leggere queste parole senza versare qualche lacrimuccia. Un po' perché su quelle rocce intravedo i primi rudimenti di Tortomanzia, un po' perché riconosco un'esperienza che so universale. Chi di voi non ha ancora provato questa ebbrezza sappia che è solo questione di tempo.♥ L'impermeabilità del Castagnaccio è, infatti, comune a ogni tipo di maschio: dal Sacher al Profiterole, dallo Strudel al Mousse, tutti quanti condividono, chi più chi meno, una capienza di ascolto fatalmente limitata.

Il tipo Doc

A questo punto, molte di voi si chiederanno se esiste, oltre a un'essenza, anche uno specifico profilo di maschio Castagnaccio, un Castagnaccio Doc, diciamo. Ebbene la mia risposta è sì, esiste, e non è nemmeno troppo raro. Benché, durante l'infanzia e l'adolescenza, la sua ostilità all'ascolto non si distingua in modo spiccato da quella dei coetanei,

♥ Oppure, ed è quel che auguro a tutte voi, la vostra indole possiede a sua volta qualche caratteristica da Castagnaccio: il che vi consentirà di restare moderatamente indifferenti all'indifferenza.

qualche indizio è comunque rintracciabile fin dalla più tenera età. Ecco, per capirci, si può dire che rispetto allo zuccone comune, il Castagnaccio Doc manifesta un'indifferenza quasi ascetica, vocazionale addirittura: mentre gli altri, infatti, *fingono* di non ascoltare, il marroncino ha già messo a punto delle strategie di astrazione degne di Ghu. Se mamma lo rimprovera per qualcosa, non alza lo sguardo e nemmeno lo abbassa; piuttosto lo spegne, fissandola con due occhi imperscrutabili in cui la poveretta intravede, per un attimo, il buio assoluto. Una volta raggiunta l'età della ragione, all'incalzare dei richiami tipo *Vieni a preparare la tavola per fa-vo-re?* il giovane Doc non opporrà il fatidico *attimino*, ma sprofonderà in una trance catatonica capace di scoraggiare la più gagliarda delle madri.

Negli studi è preferibilmente autodidatta, la scuola, infatti, con quel suo fastidioso vizio di obbligarti ad ascoltare, gli è quanto mai sgradita. Il giovane Castagnaccio, immerso nella sua trance, preferisce cadere ripetutamente dalla sedia piuttosto che prestare attenzione alla chiacchiere di qualche professore; nelle interrogazioni fa scena muta puntando immobile una macchia sul soffitto e obbligando i compagni a domandarsi quale segreto intraveda lassù tra le muffe e le crepe; durante le prove scritte, infine, il suo sguardo scivola con dolcezza dal foglio bianco all'albero oltre la finestra e lì rimane, per oltre un'ora, venato da un'estasi vaga e indecifrabile.

Sarà un mistico?, si chiedono i professori.

Sarà stronzo, sibila sua madre.

Sarà un calciatore!, esulta suo padre.

Un mondo a parte

Niente di tutto questo e tutto questo insieme: il Castagnaccio Doc possiede le facoltà di astrazione di un mistico, l'istinto da stronzo impermeabile del maschio paleolitico, e la sorda energia di molti calciatori. Queste caratteristiche assommate fanno di lui un essere curioso e qualche volta affascinante. La cosa non deve stupire: la Tortomanzia, come la fisica e l'astrologia, non è una disciplina ovvia; accade dunque che il tipo Doc unisca alle caratteristiche universali già descritte una spessa coltre di, chiamiamola, profondità e costanza. Immerso nel suo strano mondo quell'uomo vive, infatti, una vita tutta sua, persino ricca e capace di stupire.

Certo, per campare, è meglio che non si affidi a professioni basate sull'ascolto (barista, psicologo, parrucchiere o medico – anche se di medici stolidi e parrucchieri tragicamente incapaci di capire quello che volete è pieno il mondo), ma può diventare un eccellente meccanico, un ottimo artigiano, un astrofisico o anche un alpinista solitario. Nelle professioni che richiedono isolamento, costanza e dedizione a schemi astratti o meccanici, nelle attività solitarie e faticose il tipo Doc è un re.

Cosa si celi davvero oltre quel muro di gomma, come ragioni, che cosa o quanto trattenga del mondo esterno, non è dato saperlo; qualora, d'altra parte, si svelasse la chiave del pensiero di un Castagnaccio avremmo finalmente chiarito la natura dei buchi neri. Ma, a ben pensarci, è meglio che certi misteri rimangano tali: aggiungono fascino al cosmo e ci aiutano a sperare che, *forse*, l'uomo che abbiamo accanto, nasconde in sé un mondo sconosciuto, imperscrutabile ma profondo. Una profondità che nel caso del maschio Castagnaccio Doc si porta appresso una commovente costanza amorosa.

È vero che non vi ascolta, e voi dite – lo so che lo dite – che senza ascolto non c'è amore, eppure, per qualche ignota ragione, quest'essere chiuso e musone, svagato e testone si rivela un compagno devoto. Anche se è incapace di dimostrarvelo, una volta che avete fatto breccia come una lama acuminata nei suoi gnucchissimi misteri, entrerete a far parte del suo oscuro universo come una costellazione stellare. Forse lui non troverà mai le parole per dirvelo, ma, ne sono certa, conserverà il vostro amore come un'essenza preziosa.

Anche per questo dobbiamo ringraziare le nostre antenate: sono loro che nei secoli si sono ingegnate per illuminare il buio del Castagnaccio seminandovi la luce di una cascata di pinoli:♥

Avendo il Castagnaccio suo intimo cuore atro e scuro, ponesi che picciola schiera di celesti stelle si giungan in forma di pinoletti tondetti e lieti ad allumarlo. Ché, dall'alto fuoco intenso e secco tratto, lo pasticcio prende appresso a incupire, fin tanto che non spande la man soave i pinoli bianchi, teneri rai dell'amor gentile. Per ciò cura ponete a che l'opra la man vostra non princìpi, se primissimamente di pinoli due falacche non si stipi.

♥ Ecco cosa si legge in proposito nell'unico frammento pervenutoci di un leggendario trattato trecentesco, dal titolo emblematico di *Torteron*, di autrice, sfortunatamente, ignota.

Pillole digestive

Care amiche, arrivate a questo punto c'è poco da aggiungere, anzi, in quanto a correggere la componente di Castagnaccio universale che abita la psiche maschile, direi che non c'è proprio niente da fare. Secoli di esperienza dolciaria e sofferenza amorosa nulla hanno potuto contro questa fatalità. Se invece vi trovate a condividere i giorni con un tipo Doc, vi consiglio di armarvi di santa pazienza e di scordarvi quel tipo di "complicità sentimentale" in cui molte donne ravvedono l'essenza del romanticismo. L'intimità quotidiana con un Castagnaccio è piena di silenzi e suoni inarticolati apparentemente indistinguibili, ma una volta che avrete imparato a decifrarli, saprete riconoscere il ringhio secco dei suoi rifiuti, il grugnito sordo dei suoi fastidi, il mugolio basso del suo imbarazzo, l'uggiolio impercettibile della sua sofferenza e il *ghu* adorante del suo amore. E se proprio vi manca un po' di suggestione romantica, provate a ravvivare le sue notti nere con il profumo inebriante del rosmarino, lo gradirà, credetemi. È così che dice la ricetta!

Vendetta tremenda vendetta

Inutile vendicarsi di un Castagnaccio: non se ne accorgerebbe.

Ascendente consigliato

Sbrisolona. Un po' di fragilità e di sogni segreti. Di questo ha bisogno un Castagnaccio: di trovarsi un'anima friabile da sostituire al buco nero che lo autoinghiotte.

La Sbrisolona
Ovvero l'inganno dei semplici

La Sbrisolona – o sbrisulona, sbrisolina, sbrisulusa, sbrisulada, a seconda dell'idioma di chi la prepara e se la mangia – vanta nobili natali: si dice che provenga addirittura dalle cucine di corte dei Gonzaga. Ciononostante, mostra uno stile defilato, quasi a voler contrastare con una punta di malizia l'esibizionismo dei più blasonati dessert francesi.

Ma anche se non ostenta alcuna *grandeur*, resta pur sempre una nobile creatura da forno: dorata, profumata e circonfusa da un alone di sciolta raffinatezza, malgrado la consistenza granulosa e la spolverata di zucchero in cristalli che le conferiscono un tocco sbarazzino.

Disponibile in molteplici varianti e dimensioni, immancabile in ogni pasticceria del Nord Italia, la Sbrisolona sa dunque unire la modestia della torta paesana all'eleganza della pasticceria secca. Ciò fa di lei uno di quei simboli del bon ton campestre che conforta i ricchi di questo mondo con rilassanti fantasie di semplicità: sta bene fotografata in un giardino alla provenzale accanto a una caraffa ricolma di sidro, sul prato in fiore di una merenda pseudo-improvvisata, adagiata con grazia su una stuoia in cocco o sul tavolo di un'osteria chic all'ombra di una bottiglia di rosso dispendioso.

Scusate se insisto sull'elemento economico, ma poiché la "semplice e genuina" Sbrisolona è tutt'altro che facile da confezionare nel forno di casa, va detto che per acquistarla in pasticceria bisogna essere disposti a investire un piccolo patrimonio. Provate a entrare in una di quelle pasticcerie rustico-chic♥ dall'aria tanto affabile e ve ne accorgerete: un esemplare del diametro di una tazza da tè vi costa quanto l'anello di fidanzamento che avete sempre desiderato e non vi hanno mai regalato.

– Eh, per forza, è tutta burro e mandorle! – replicherà piccato il pasticcere – Non sente come pesa?

Be', pesante è pesante ma in compenso è incredibilmente fragile, si chiama Sbrisolona mica per niente. Non fa in tempo a vedere il coltello ed è già a pezzi: tanti pezzi gnucchi e diseguali, verso cui allungate la manina titubante. Una volta vi beccate la mandorlina, e subito dopo vi spezzate i denti sul residuo di un guscio.

Che casino! Adesso vi toccherà aprire un mutuo dal dentista. E tutto per colpa di questo ammasso spantegato, sparpagliato, tutto in briciole che a guardarlo fa venire la malinconia.

♥ Mi riferisco a quelle bottegucce che ostentano un'atmosfera casalinga, dietro cui si cela una spietata idrovora succhia-denari.

Possibile che questo ammasso di macerie sia lo stesso dolce che avevate ammirato sulla tavola alla provenzale, tra i mazzi di lavanda? Sembrava così semplice, così solido, così genuino, mentre ora vi pare addirittura di avvertire un aroma posticcio e artificioso.

Care ingenue, non avete ancora capito che non c'è nulla di più artefatto della spontaneità? Come avete potuto credere che bastasse una patina di rustica compostezza per fare di un maschio un uomo affidabile?

Cooosì spontaneo...

Il sole splende alto sulla vita del piccolo Sbrisolone, giallo come una pannocchia e dolce come una cascatella di zucchero. Irrorato da questa luce gentile, lui cresce felice, col sorriso stampato tra le guance paffute. È infatti quel che si dice un bambino trasparente: non si atteggia e non si oscura, non rimugina e non si vendica. È forte, solido e allegro, ma soprattutto è *molto spontaneo*. Sventuratamente, sarà questa sua amabile caratteristica a fregarlo; lui, però, ancora non lo sa. Quel che vede infatti è uno stuolo di ammiratori, adulti e coetanei, soggiogati dalla sua inconsapevole naturalezza. Tutti amano la franchezza delle sue battute, il suo appetito vigoroso, la risata piena e trascinante. I bambini lo vogliono come amico, gli adulti lo vorrebbero come figlio. Sua madre, fiera di allevare un tale gioiello di schiettezza, si concede la civetteria di vestirlo da montanaro, riempiendogli gli armadi di camicie a scacchi e braghe di velluto. È così convincente vestito da piccolo alpinista, che a casa duplicano la foto e la diffondono agli amici, come se si trattasse di un santino, il nume tutelare di un'esistenza semplice, capace di proteggervi dalle sofisticazioni della vita. Per preservarne la genuinità, la famiglia si premura di crescerlo con quello che ritiene un adeguato stile di vita, tra lo steineriano e il nazi/freak. Circondato da tutti questi fan, il nostro ometto si vede obbligato a recitare la parte del ragazzino allegro, spavaldo e nemico di ogni artificio. Così, anche se coltiva il desiderio di assaggiare una merendina confezionata, sorride come un automa davanti al panino integrale; anche se sogna di passare i pomeriggi steso sul divano a guardare i cartoni, è costretto a correre in cortile – nonostante il diluvio, emettendo gridolini di giubilo per le deliziate orecchie dei genitori. Vorrebbe sguazzare nel bagnasciuga torbido di Riccione, stordirsi di ghiaccioli rossi e gnocchi fritti ma gli tocca scalare le Maddalene e mandar giù polenta nei rifugi o passare le estati in campagna e inspirare, con esibita beatitudine, gli umori campestri. Oh Dio, qualche volta ci prova pure a ribellarsi alla sua fama: pretende un giochino in pura plastica, rifiuta la bella mela che la mamma gli ha lucidato per merenda, accenna a un capriccio per un pacchetto di Smarties, ma alla fine di fronte allo sguardo addolorato dei suoi si rassegna e lascia perdere.

Tormenti segreti

Com'è prevedibile, il bambino solare si trasforma in un ragazzo e poi in un uomo intimamente malinconico: uno che non sopporta la propria immagine ma che non ha il coraggio né la forza di abbatterla. Così, anche se continua a collezionare esperienze che confermino le sue inclinazioni, il suo io comincia a sgretolarsi e, per tenersi insieme, non trova altra via che quella di indurirsi, esibendo una solidità in cui gli ingenui ravvisano una forma di "carattere".

Ma come voi ben dovreste sapere non è la rigidità a conferire compattezza, bensì l'elasticità; e mentre gli ingenui continuano a vedere un bel ragazzone tutto d'un pezzo, lui sotto sotto, cova svariate e colpevoli personalità. Nei momenti peggiori si dipinge un futuro da debosciato, diviso tra l'amore per il divano e quello per la tv: un Homer Simpson senza famiglia ma con un tocco di filosofico fatalismo. Nei momenti in cui lo spirito di ribellione prevale, si vede a bordo di una moto da tamarro a svaligiare gli autogrill di birra di quart'ordine o, peggio, si raffigura yuppie lampadato, circondato da bionde fintissime e splendidamente oche. Le sue donne, va da sé, sono intelligentissime e, brune bionde o rosse che siano, dannatamente *naturali*: giovani impiegate o piccole scienziate decisioniste, nemiche giurate del mascara e dei tacchi, con una collezione di sandali ortopedici tedeschi e uno sguardo impietoso sulle debolezze del mondo.

Lui e lei (e voi)

Lui e lei, che bella coppia! Così intonati, così affiatati: sportivi, etici, essenziali, tradizionali ma ecologici, di gusti semplici ma biologici... Difficile non provare un morso di invidia quando vi capita di incrociarli in montagna, lei agile e disinvolta come un camoscio, lui atletico e gentile, con la borraccia d'antan e la camicia di flanella; o quando vi sfrecciano accanto in bicicletta, aerodinamici e quasi immateriali, mentre voi, ferme a un semaforo, nell'abitacolo di un'auto piena di cartacce, aspettate, fumando come turche, l'sms di qualche stronzo evanescente; o quando al ristorante, in compagnia della solita amica logorroica, li sentite discutere di energie alternative, lei con la competente sicumera di un Einstein e lui serissimo e informato. Che coppia perfetta.

Già, che invidia. E che meschino, vergognoso sentimento di soddisfazione vi assale quando scoprite per caso, da amici comuni, che lui l'ha mollata, si dice in cima al Bernina, tra lo stupore e lo sgomento di tutti i fan della coppia più bella del mondo.

La grande occasione

A quanto pare, dunque, *quel maschio* temprato ed etico, puro e semplice come l'acqua di un ruscello, solido come un investimento in beni rifugio, è libero sulla piazza. *Mmmh*, potrebbe essere l'occasione della vostra vita, ma bisogna affrettarsi: il mercato, si sa, è spietato e le competitrici certo non mancano, il mondo è pieno di scattanti montanare. Se non vi date una mossa, non vi rifate l'immagine e non imparate a sgamellare su e giù per le vette, ve lo scipperanno sotto il naso.

E che ci vuole? Basta solo un po' di allenamento, una collezione di sandali Birkenstock e scarpe Camper, una mountain bike con sedici marce, una modesta attrezzatura da trekking, un paio di pannelli solari da montare sul terrazzino di casa, e l'opera omnia di Mauro Corona e Erri De Luca. Fatti due conti, sono svariate migliaia di euro, più un paio di ettolitri di sudore. In effetti, si tratta di un piccolo patrimonio, ma voi, nella vostra astuta lungimiranza, sapete che si tratta di un investimento per la felicità: quando, finalmente, avrete messo la bandierina in cima alla vostra conquista, potrete dire addio per sempre agli stronzi evanescenti, ai bambocci narcisi, e a tutti i fighetti con la sindrome della debuttante♥ che vi hanno avvelenato l'esistenza.

Entrate dunque d'imperio nella sua vita: vi imbucate ai pranzi della domenica in campagna e lo aiutate ad allestire il barbecue sotto la magnolia. Pedalate su salite che mai, mai nella vostra vita, avreste pensato di percorrere nemmeno in macchina e lo seguite in un trekking mortale, camminando senza fiatare, sperando di apparirgli, le guance colorite come Heidi e la maglietta intonata ai laghi alpini, la limpida ninfa cui il suo cuore anela. Alla fine, sollecitato dagli stimoli sensoriali che lo attivano fin dall'infanzia, lo Sbrisolone vi dichiara il suo amore, proprio come il notissimo cane di Pavlov attivava le ghiandole

♥ Trattasi di un complesso trasversale e comune a parecchi segni dolciari, che descrive la stupefacente opinione di sé coltivata da molti maschi a proposito del proprio valore social-sentimentale: alla stregua di una debuttante al primo ballo, costoro, certi di rappresentare un golosissimo partito, si concedono con l'indecisa pudicizia di una fanciulla di buona famiglia, onde poi rinfacciarvi i propri dubbi sull'idoneità della vostra persona.

salivari al suono della campanella che annunciava l'arrivo della pappa.

Ora è vostro, avete dovuto fare un discreto mutuo per ottenerlo, ma finalmente potete dormire serene.

Cosa sono queste paranoie?

Dormire? Impossibile: tra le rate del finanziamento *acchiappafidanzato* e i dubbi che vi tormentano, la notte vi rigirate come una braciola su una graticola infernale. E adesso che vi rode? Avete ottenuto quel che volevate: l'uomo dei vostri sogni dorme accanto a voi, dopo una seduta ineccepibile di sesso olimpionico, un tantino legnoso, forse, ma *molto naturale*; è puntuale, inappuntabile e solidissimo, proprio come vi aspettavate. Discutete dell'ultima fatica di Erri De Luca, pedalate come Bartali, vi alimentate in maniera costosa, essenziale e biologica. Cosa c'è che non va stavolta? Le amiche vi dicono che siete piene di fisime, vostra madre sferruzza le scarpette per i futuri nipotini, e avete ottenuto una nomination per il titolo di *Miracolata dell'anno*... eppure.

Eppure, non potete confessarlo a nessuno, ma non riuscite a coinvolgervi: avvertite una specie di barriera invisibile, un filtro impalpabile che vi impedisce di captare la sua lunghezza d'onda. Lui è lì, davanti a voi in tutta la sua robusta spontaneità, ma qualcosa non vi quadra, qualcosa non vi arriva. Vorreste stendere una mano e stringergli le budella, sentirlo, come dire, più intimo? Ma non osate; se allungate la mano verso le sue viscere potreste scoprire che è vuoto come un bambolotto di plastica; o che nasconde i freddi meccanismi di un androide; o che rischia di sgretolarsi, come capita alle cose che amiamo, negli incubi peggiori.

Gesù, siete davvero piene di fisime! Aveva ragione Hitchcock a dire che le donne sono paranoiche...♥

Lucidità, sangue freddo e pedalare, ecco quel che vi ci vuole! Andate da qualcuno, fatevi aiutare, ma piantatela di guardare con sospetto il sant'uomo che vi sta accanto. Confortate da questi pratici suggerimenti, finite per convincervi che il problema siete voi: incontentabili, insaziabili, isteriche femmine, incapaci di apprezzare quel che la vita vi concede.

Piene di sensi di colpa, decidete che è ora di imprimere una svolta a questa storia: lascerete il monovano che ha accolto i vostri tormenti da singole, per traslocare nel trilocale del vostro amabile Sbrisolone. È lui che ve l'ha chiesto.

Crash

State giusto riempiendo gli ultimi scatoloni, quando il maschio in questione vi arriva in casa grigio come una mummia. Si lascia cadere sul divano coperto dal cellophane, si prende la testa tra le mani e sprofonda nel più classico dei

♥ L'ha detto non mi ricordo dove, ma sono sicura che l'ha detto. D'altra parte quell'astuto misogino britannico, sulla paranoia femminile ha fondato i suoi maggiori successi. E, tra parentesi, quasi tutte le paranoiche dei suoi film finivano per avere ragione!

silenzi assordanti. Avrà mal di testa, pensate, continuando a staccare nastro adesivo. Poi, avvertite un suono, un mugolio:

– Prego? – dite, lisciando il nastro adesivo sul penultimo scatolone.

– Non sono più sicuro.

– E di che? – domandate distratta.

– Di noi due.

– ...

– Non me la sento.

– ...

– Non so se ti amo.

Non scherziamo! Siete voi quella poco convinta e adesso lui che fa, vi scippa le battute?

Non scherziamo! Eravate voi la paranoica, lui è quello solido affidabile e indubitabile.

Non scherziamo! Vi è costato un patrimonio monetario e sentimentale; passi per i soldi, ma le banche non concedono ancora prestiti di energia emotiva.♥

No, non scherza e se ne va, curvo e scuro, lasciandovi sola tra gli scatoloni: tanti scatoloni, sparpagliati come un avanzo di Sbrisolona.

Vi abbandonate a terra, stordite e incapaci di lacrimare.

Passano secoli, minuti, ore, chi lo sa? Vi rialzate e aprite lo scatolone delle Camper.

Non vi sono mai piaciute le Camper con quella pretesa

♥ E se anche li concedessero, applicherebbero senz'altro tassi da strozzino; ma per quello ci sono già gli psicanalisti.

di fare le scarpe civettuole per donne dinamiche ed ecologiche: ma va'! Se pesano un quintale per paio? Le scagliate una a una contro la vetrata.

Passano giorni, mesi, settimane, chi lo sa? Avete appena finito di pagare il vetraio e, da poco, ricominciato a vivere. Una vita colma di cibi precotti, vaschette di gelato, e vino bianco con solfiti. State componendo l'annuncio su eBay per vendere la mountain bike e i pannelli solari da balcone, quando suonano alla porta. Aprite: Sbrisolone è sulla soglia, smagrito, abbronzato, sofferente dopo un trekking di riflessione nel deserto del Gobi.

– Ho sbagliato – dice, senza guardarvi negli occhi.

– ?

– Probabilmente ti amo. Ho avuto paura.

– ?

Probabilmente? Gentile da parte sua. Vi vien voglia di sbattergli la porta in faccia o di lapidarlo coi libri di Mauro Corona ma vi trattenete... è il caso di fare le difficili? Non siete più delle ragazzine, la vita preme e gli anni scivolano tra le dita. Sentite la claque che applaude, le amiche che brindano al lieto fine, l'eco entusiasta degli aghi sferruzzanti di vostra madre...

Pillole digestive

Allora, torniamo a noi: Sbrisolone è sul divano, pentito. Crede di amarvi e vi chiede perdono.

Potete proseguire come in certi film americani: far cadere un uovo per simulare la sorpresa, guardarlo con severa tenerezza, e abbracciarlo con ardore. Happy ending.

Ma forse siete troppo arrabbiate per essere hollywoodiane.

Allora potete reagire come capita in certi film psicologici con pretese di profondità, trincerandovi in un mutismo a orologeria, seguito da un'esplosione di rabbia, zeppa di dolorose ovvietà.

Intrappolate dentro uno stereotipo, vi sembrerà di pronunciare parole definitive solo per accorgervi, un attimo dopo, che non vi sembrano più adeguate; e andare avanti così, a parlar da sole o quasi, mentre lo Sbrisolone accasciato sul divano monosillaba scuse metafisiche o si chiude in se stesso come un raviolo spaventato. Non c'è happy ending in queste storie, e se c'è è più fasullo di uno spruzzo di panna spray.

Quindi, amiche, quel che vi consiglio si avvicina più al cinema di fantascienza. Sentite bene: immaginate di allungare una mano e di frugare dentro le interiora del buon vecchio Sbrisolone. Ravanate e se vi sembra di avvertire i freddi meccanismi dell'androide, ovvero i resti meccanici di una passione indurita e disumanizzata, mettetelo subito alla porta. Se invece sentite la confusione di una vita viscerale irrisolta, sedetevi accanto a lui con una vaschetta di gelato e un bicchiere di vino traboccante di solfiti. Prendetegli la mano e promettetegli un'esistenza colma, anche, di sorprendenti, pigri, nocivi, voluttuari artifici.

Vendetta tremenda vendetta

Sbrisolone come Profiterole è già un castigo per se stesso: è un vero indeciso, non un narciso. Non merita vendette.

Ascendente consigliato

Mousse. Colloso, vaporoso, fantasioso, il Mousse può tenere insieme i pezzi dello Sbrisolone, spingerlo a osare una vita fuori dagli schemi e predisporlo al gioco. In circostanze favorevoli, l'accoppiata funziona ed è di piacevole effetto. Naturalmente se il lato Mousse si sgonfia sono dolori per tutti: come dire una frana di briciole in un mare di yogurt.

La Margherita
Ovvero il cocco di suocera

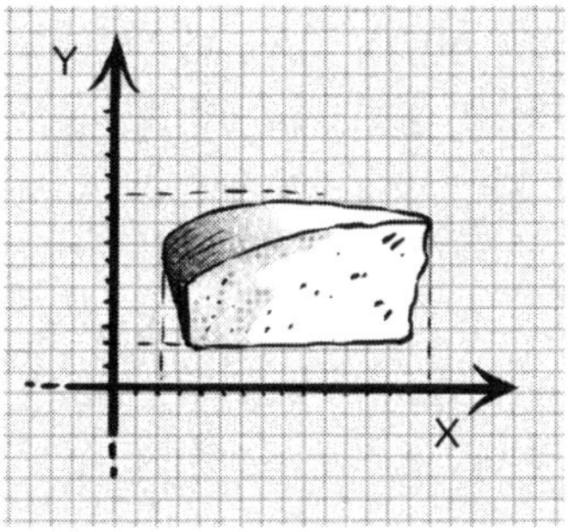

C’è stato un tempo, quando eravamo piccole, in cui le madri ancora lottavano contro la proliferazione delle merendine: oscuri oggetti del desiderio che ammiccavano dagli schermi televisivi per sequestrare i nostri giovani cervelli. Più che di gusto, per noi, si trattava di lustro sociale: portare in cartella l’ultimo ritrovato dolciario di una nota industria alimentare che non citeremo era un segno di prestigio, quando invece la bella mela o, peggio, il panino che mamma infilava tra i quaderni e l’astuccio, erano in grado di far precipitare la popolarità al di sotto del livello di guardia. Ma a certe madri non importava niente della *nostra* popolarità, a quelle fregava solo dei nostri denti e della nostra igiene alimentare (no, le porcherie no!).

Casalingo era sinonimo di *buono e sano*, e qualsiasi oggetto uscisse direttamente dalla dispensa di casa era sicuramente più salutare delle merendine del super. A nulla valeva spiegare a quelle pasionarie che le mele le facevano gli alberi e la mortadella essendo di maiale è una porcheria per definizione: niente, non le schiodavi di un centimetro.

Sempre a quei tempi, prima di perdere la battaglia impari contro l'esercito delle tortine confezionate, alcune madri si dilettavano a sfornare dolci per la merenda. Spesso la scelta ricadeva sulla torta Margherita che nelle intenzioni materne era fatta apposta per piacere ai bambini, vista la consistenza, soffice e omogenea, e la copertura di zucchero a velo. Così, se c'era un'amichetta a casa, toccava per forza offrirle una fetta dell'opera materna, accendendo, di norma, un'ombra di sospetto nella coetanea: – Ma voi non ce le avete le merendine?

– No, cara – rispondeva la fiera madre – non ce le abbiamo. Assaggia questa piuttosto, è una torta Margherita: è sana ed è leggerissima.

La malcapitata allungava la manina e prima di portarsi lo spicchio alla bocca si era già imbiancata il golfino di zucchero a velo; poi dava un morso eroico, masticava e cercava di deglutire. Cercava, appunto, ma senza successo. Quando ormai, rossa come un peperone, iniziava a strabuzzare gli occhi, la fiera madre le allungava un bicchiere d'acqua: – Bisogna masticare bene, e berci dietro un goccio di tè o di acqua – consigliava benevola – altrimenti non va giù.

No, non va giù. Sarà per la fecola di patate che la rende *cooosì* soffice e compatta, sarà per una maledizione che si porta appresso – quel che piace alle nostre madri di solito ci resta di traverso – la Margherita rappresenta uno dei più misteriosi ossimori psicodolciari: quello della leggerezza ultrapesante.

Ma, detto con onestà, nemmeno noi figlie dell'abuso di Junk Food possiamo dirci indifferenti al miraggio di un esemplare maschile buono, bello e sano (in una parola perfetto). Nessuna è davvero immune dal mito intramontabile del "bravo ragazzo".

Dalla perfezione alla pedanteria

È un mistero, ma l'uomo Margherita è insensibile all'ambiente in cui cresce: può avere una madre hippy, impiegata, scienziata. Un padre barbiere, marinaio, ragioniere. Non importa. Lui nasce e cresce perfetto. Si tratta di una perfezione del tutto geometrica, che si realizza nei tratti regolari della sua giovane fisionomia, nell'ordine impeccabile dei quaderni, nello stile ammodo da piccolo ragioniere. Anche se non si tratta di una qualità spirituale, la sua precisione viene da subito scambiata per equilibrio, e il povero bimbo si vedrà portare ad esempio sempre e, forse, suo malgrado. Purtroppo il suo comportamento esemplare non suscita la simpatia dei coetanei e accende il malizioso sospetto di tutti quelli che, adulti e ragazzi, ritengono l'ordine sintomo di intelligenza mediocre:♥

♥ È un pregiudizio molto diffuso e quanto mai infondato, coltivato da certi sconclusionati che, non riuscendo a governare la baracca della propria vita, decidono di dichiararsi artisti e di ingaggiare una rancorosa battaglia nei confronti dell'autodisciplina, asserendo che loro nel disordine ci stanno benissimo. E chi ci crede? Io no di certo: parola di Disordinata Infelice.

Margherito, probabilmente, ne patisce, ma che può farci? Ordine e metodo fanno parte di lui come il naso e le orecchie, non può staccarseli e ciao. Essendogli preclusa (così dicono) la creatività, il ragazzino finisce per investire tutte le sue energie nell'impresa ardua di perfezionare ulteriormente la sua già precisissima precisione, tramutando con gli anni quel che era un talento in uno dei più perniciosi attributi umani: la pignoleria. La pignoleria, infatti, non è una facoltà che si accontenta di migliorare se stessa, ma brama di inquadrare chiunque e qualunque cosa le capiti a tiro. Una volta impignolito, Margherito rischia di perdere le poche simpatie che si era accaparrato: non riesce a giocare a pallone senza rimbambire tutti con l'ossessione delle regole; non può fare i compiti con un compagno senza riscriverglieli da cima a fondo; non è in grado di aiutare la mamma in casa senza spiegarle *come si deve fare*, criticandola con saccenza per l'uso di prodotti inadeguati. E dài e dài: il bimbo perfetto si è trasformato in un adolescente pedante.

Una spolverata di conformismo

Ma la solitudine lo opprime, e in un'età in cui la risposta sociale è indispensabile, Margherito soffre della propria pedanteria come se si trattasse di un'acne sfigurante. Come mascherare, si domanda, l'esito spaventoso della propria precisione? La risposta è una sola: con una forma di perfezione uguale e contraria, cioè una spessa coltre di zucchero a velo che vada a coprire la sua crosta assolutamente levigata. E una spolverata di zucchero a velo non la si nega a nessuno: guardate Paradiso, Pandoro, Ciambellone,♥ anche loro si sono mimetizzati per benino; per adeguarsi allo spirito dei tempi, per rispondere *perfettamente* alle spietate pretese del gruppo, basta nascondersi sotto il lenzuolo uniforme e neutro dell'omologazione. Margherito, manco a dirlo, ci riesce con estrema precisione. Nell'aspetto si uniforma ai dettami della moda – casomai sarà un tantino più stirato degli altri ma in quanto a uniformità non lo batte nessuno. Poi con la costanza che lo caratterizza riesce a convertire la pedanteria in uno zelo socialmente accettabile; a calcio farà l'arbitro, passerà i compiti ai compagni e si limiterà a regalare alla madre sgrassanti più efficaci. Infine, pur di non passare per secchione, riuscirà a schiacciare la sua intelligenza sulla mediocrità che i maligni si aspettavano da lui.

Ma attenzione: se sotto la coltre di zucchero alcuni Margheriti maturano e lentamente si fanno uomini – capaci anche di riconquistare la propria intelligenza – altri semplicemente si nascondono e covano nell'ombra un risentimento fosco e impignolito.

♥ Non parleremo di questi esemplari in questo libro, forse in un futuro. Vi basti sapere che Pandoro si sente dannatamente ingombrante, Paradiso non regge la sua fama da santarellino e Ciambellone teme di apparire rozzo e campagnolo.

Il bravo ragazzo

Mimetizzato sotto il lenzuolo di zucchero, il giovanotto prosegue per la sua strada, praticando con pacatezza quel che è accettato socialmente. Quasi sempre sordo al richiamo della sua stessa perfezione, ma nemico giurato del disordine, del caos e dell'improvvisazione, il destino di Margherito è già scritto. Studierà Legge, Ingegneria, Economia, forse Filosofia (uno dei regni più frequentati dai pedanti con pretese di profondità). Qualora decidesse di non studiare, imboccherà comunque la strada di un lavoro preciso, poco sporchevole, retribuito abbastanza da garantirgli i simboli del conformismo.

Di pari passo, il suo aspetto è gradevole ma un po' scialbo, non importa che sia bello o brutto: in lui gli estremi si smussano in una vincente opacità. Che sia calvo o capelluto, alto o bassetto, asciutto o grassoccio, assomiglia sempre a Ken di Barbie, è rigido, poco espressivo e sovranamente beige. In una parola, col suo reddito garantito, l'auto pulita, l'eloquio garbato e uno stile sempre dentro le righe, Margherito può aspirare, senza timori, al leggendario titolo di uomo ideale. Di vostra madre.

Fantasie materne

Quella del bravo ragazzo è una tipica fantasia materna, essendo il bravo ragazzo antierotico per definizione. Ma poiché le madri badano al sodo – mica al sesso – hanno sempre un poveraccio a disposizione da farvi frequentare:

– Hai presente il figlio della Pina?
– Eh, sì, ho presente.
– Pensa che poverino si è lasciato con la fidanzata.
– Mi dispiace.
– Lo sai, no, che ti vien dietro da quando eri piccola?
– Ma che dici?!
– Me l'ha detto sua madre. Davvero!
– Affari suoi...
– Perché non uscite insieme qualche volta?
– Con chi? Con Margherito?!
– Sì...
– Ma per favore! Se pare una sogliola bollita!
– E allora? Guarda che il pesce fa bene.

Già: quel che per voi ha l'appeal di una sogliola bollita, per certe madri è indispensabile; un po' come la maglietta della salute che vi obbligavano a indossare fino a primavera inoltrata.

Riflessioni filiali

Tuttavia è triste riconoscere che in questi tempi di jeans a vita bassa, costellati da colpi di freddo alla pancia, molte di noi hanno pensato alla maglia della salute con una punta di rimpianto. Ed è ancor più doloroso ammettere che anni di indigestioni passionali ci hanno spinto a vedere la sogliola bollita sotto una luce diversa. Ed ecco allora che le fantasie di mammà a proposito del bravo ragazzo risalgono alla superficie della memoria e cominciano a stuzzicare i nostri sentimenti più reconditi.

Meglio trovare la serenità che la passione.

Meglio un uomo affidabile e tranquillo che uno scombinato col ballo di san Vito.

Meglio un buon partito che uno spiantato.

Meglio uno col fascino di una melanzana che un don Giovanni con una melanzana al posto del cuore.

Meglio... meglio... meglio: i moniti materni bussano alle sensibili pareti del nostro cervello. Molte li spiaccicano come zanzare prima che abbiano il tempo di nuocere, altre, lentamente, si fanno colonizzare, e un bel giorno – o brutto, fate voi – si presentano a casa di mamma con la maglietta della salute sotto il maglioncino e una lieta novità:

– Sai che c'è? E io con Margherito un giro ce lo faccio!

A cena con Margherito (e mamma)

Mamma e Pina, vecchie volpi, non ci mettono molto a provocare un incontro "casuale": voi, attrici consumate, un po' bamboleggiate, un po' fate le stupite:

– *Toh, guarda, Margherito! Anche tu da queste parti?*

Lui, povera stella, è un pochino imbarazzato, inamidato anche, ma alla fine, da bravo pollo, finisce nel sacco come da copione. Forse non è vero che gli piacete da sempre, ma vedendovi così appostino, stirata e pettinata, vi chiede di uscire in settimana.

Alle ore 20 del giorno stabilito, Margherito pigia il pulsante del citofono e voi, per una volta, siete pronte subito; qualcosa vi dice che lui è uno che alla puntualità ci tiene. Look femminile, sobrio ma non troppo, approdate al sedile della sua auto avvolte da una famosa marca di eau de toilette, dalle note di testa intense e misteriose, giusto per dare un po' di pepe alla serata. Tempo di chiudere le portiere e il patchouli del mistero soccombe come un cucciolo dinnanzi al bullismo mefitico della vaniglia Arbre Magique. Abbassate il finestrino in preda a un attacco di nausea.

– Tutto bene? – vi chiede Margherito con una premurosa punta di dispetto.

– La vaniglia, sai... mi dà un po' di nausea.

– Ah mi dispiace – replica – ma l'altro giorno ho dato uno strappo a un mio amico, uno che fuma, sai, non che io permetta di fumare in macchina, ovvio, ma gli è bastato star dentro mezz'ora per appestare tutto. Terribile il tabacco ... meglio la vaniglia no?

Insomma, pensate sporgendovi dal finestrino e inalando l'aria degli scappamenti cittadini.

– Ti dispiace alzare il finestrino adesso? – dice lui poco dopo – Altrimenti il riscaldamento non funziona.

Trattenete uno sbuffo di impazienza. Che rompic..., pensate, ma non fate in tempo a formulare le ultime sillabe che il fantasma di mamma si affaccia all'angolo della coscienza:

Ma come parli? Guarda che ha ragione! Sei sempre lì con la piastra a lisciarti i capelli e poi vai a prendere l'umidità.

Per non parlar della cervicale: chi ti sente quando hai male al collo, eh? È un tipo premuroso, ecco cos'è.

Via, mamma non ha torto: vi lamentate sempre che gli uomini non pensano al vostro bene e adesso ve la prendete con uno solo perché vi vuole tenere calde. Vi stampate un bel sorriso e trattenendo i conati rialzate il vetro. Fa niente se quando arrivate al ristorante tra il riscaldamento e la vaniglia vorreste ordinare un canarino. Fa niente se vi gira la testa. Fa niente. Siete alla ricerca dell'uomo da sposare e il materiale da altare è sempre un po' duretto.

Accomodati in un perfetto tavolo d'angolo – ristorante romantico, illuminato con sapiente discrezione – Margherito vi mostra il meglio di sé: conosce il menù a memoria, chiama per nome i camerieri e sa indicarvi senza esitazioni la porta dei bagni. Arrivati all'assaggio del vino, ruota il polso col tocco consumato dell'intenditore – il calice mollemente adagiato sul palmo, lo stelo stretto tra le dita – annusa a occhi socchiusi e assolve compìto la bottiglia. Il cameriere tira un sospiro di sollievo e versa il vino nei cristalli panciuti.

Poi Margherito ordina la cena, anche per voi naturalmente, visto che qui lui è di casa e sa di cosa parla. Gli antipasti (che sono speciali, forse unici nella zona), i primi (che la pasta ripiena la fanno loro, è fantastica dovete credergli), i secondi...(i secondi li sconsiglia perché, l'ultima volta, il filetto era cotto male e duro da non credersi). Quindi si placa, e si mette a mangiar pane senza fare una briciola né un suono.

Dio che perfettino!, pensate, sbocconcellando il tozzo di un panino, riversando sulla tovaglia una cascata di briciole dorate. E siete pure un po' incazzate perché voi il filetto lo volevate, magari con un'insalatina, e proprio non vi andava di mandar giù due migliaia di calorie solo di antipastini e tortelloni...

Eccola lì, – questa volta vostra madre vi siede sulla spalla – *ma possibile che non capisci niente? Ti ha visto tutta pelle e ossa – te e la tua mania della dieta – e ha pensato che un tortellone in più non ti faceva male. Eh, già! Ma se uno è gentile tu gli sputi addosso, giusto? Se uno ti fa sentire come una regina, hai da criticare. Ma certo, ma certo, la signorina preferisce essere trattata come uno zerbino!*

Dannazione! E se vostra madre avesse ragione anche stavolta? Vi apprestate a far buon viso e a considerare Margherito sotto un altro profilo. Fa niente se non beve neanche un goccio (e allora tutta quella scena da sommelier?). Fa niente se l'antipasto ha richiesto il sacrificio di una famiglia di cinghiali, e i tortelloni sono talmente voluminosi che potreste usarli come guanciali e farci una bella ronfatina. Fa niente. Il futuro padre della vostra prole è un uomo premuroso, attento e cortese.

Vedete? Va già meglio. La conversazione ingrana, un po' noiosa ma ingrana, e guardando meglio Margherito vi accorgete che è proprio un bel ragazzo, un filino spento, ma bello. Ingollate a fatica l'ultimo tortellone, e visto che avete tradito la dieta, vi preparate a sforare del tutto con un clamoroso dessert: un Profiterole, una Mousse, un Millefoglie...

– Ma no! – esclama inorridito Margherito – quelli li comprano già confezionati. L'unica torta della casa è...

La bella Margherita che ti piaceva tanto da bambina, conclude mamma compiaciuta al vostro orecchio.

Capitolate. Non siete più in grado di reagire: se Margherita deve essere che Margherita sia! Sospirate in cuor vostro. Fa niente se lo zucchero finirà per leopardare la vostra camicetta scura. Fa niente se la pasta, soffice e perfetta, vi soffocherà. Fa niente.

Fa niente?

Il Margherito impignolito

Conosco tante, tante donne che giunte all'età critica♥ hanno deliberato, in piena autonomia, di accasarsi con un uomo Margherita. Le ragioni le conoscete: sono quelle di vostra madre e del buon senso, unite alla stanchezza che ci prende dopo anni di delusioni passionali. Alcune di queste donne si dicono moderatamente soddisfatte e altre addirittura felici. Ma esiste pure un buon numero di femmine traumatizzate dall'esperienza amorosa con un Margherito. Certe sono ancora troppo provate per riuscire a parlare, ma quelle che hanno recuperato un equilibrio raccontano tutte la stessa storia: Margherito, in capo a pochi mesi, ha gettato la maschera dello zuccheroso conformista, mostrando tutta la sua abnorme pignoleria. Le angherie di un perfezionista militante sono infinite: vanno

♥ Decidete voi qual è la vostra età critica. Per qualcuna si aggira intorno ai 28 per altre intorno ai 35 e per altre ancora intorno ai 42. In ogni caso chiamiamo età critica quella in cui una femmina sente l'urgenza di metter su casa ed eventualmente di riprodursi.

dalla puntigliosa critica delle vostre capacità domestiche, al fastidio per le vostre qualità di guidatrice, fino al disprezzo, inizialmente celato con ironia, per le vostre scarse doti di cuoca. Il Margherito impignolito controlla sempre come siete vestite, se avete le scarpe pulite o vi siete depilate con attenzione, in caso contrario vi rincorrerà con la pinzetta per regolarvi le sopracciglia. Non sopporta la vostra scrittura, biasima la scarsa oculatezza della vostra spesa e l'uso sconsiderato che fate del denaro. Vi giudica irriflessive, irrazionali e ingenue. Vi vede disordinate, sciatte e sconclusionate, quindi sceglie per voi e soprattutto contro di voi. Il Margherito impignolito vi soffoca. Il Margherito impignolito uccide.

La prova dell'antiaderente

Ma poiché non tutti i Margheriti sono destinati a diventare maniaci della pedanteria, come distinguere il futuro fidanzato dal Pignolo assassino? Un metodo c'è: fatevi invitare a cena a casa sua e dopo aver mangiato offritevi di lavare i piatti. Lo vedrete fremere, dire che c'è la lavastoviglie e che non dovete disturbarvi. Insistete: ne va della vostra vita, questa prova è definitiva e infallibile. Inutile tirarla troppo per le lunghe. Afferrate con una mano l'antiaderente in cui ha cucinato le seppie in umido e con l'altra la spugnetta dei piatti, facendo ben attenzione a rivolgere la parte abrasiva verso la superficie smaltata. Lo sentirete sussultare. Ora appoggiate la spugna sulla superficie e grattate! Senza esitazioni, senza pietà. A questo punto il Margherito impignolito viene per forza allo scoperto; con un grido rauco si getta sulla preziosa antiaderente, strappandosi dall'ombra in cui stava acquattato come una bestia feroce. Non ci sono più dubbi, l'uomo che avete di fronte è senz'altro un pignolo letale, maestro di raffinate angherie nonché pericolosissimo demolitore di femmine. Non vi resta che fuggire! E se cerca di trattenervi per spiegarvi come si deve lavare la padella, suonategliela in testa la padella, e infilate di corsa la porta.

Se invece avvertite solo un singhiozzo trattenuto, il mugolio di un cucciolo a cui hanno rubato l'osso, siete in presenza di un Margherito da altare, uno che soffre ma che vi rispetta. Se vi piace il genere, coltivatelo.

Pillole digestive

Ho detto se vi piace il genere. In questo caso potreste anche innamorarvene e, in nome dell'amore, darvi da fare per farcirlo un po'; magari irrorandolo di caffè per renderlo più morbido e meno soffocante; spruzzandolo di un liquore a media gradazione, per regalargli il tocco di spirito che ha sempre desiderato; o magari spettinandolo con uno strato di nocciole tostate. Fino al giorno in cui vi accorgerete che vostra madre inizia a criticarlo.

Vendetta tremenda vendetta

Poniamo che, prive dello strumento che vi ho appena fornito (l'incomparabile prova dell'antiaderente) vi siate infilate in una relazione duratura con un Margherito impignolito.

Non c'è speranza di ferirlo, sappiatelo. Almeno non nei sentimenti. Ma prima di tornare a casa di mamma per fargliela pagare (a mamma dico), potete togliervi qualche soddisfazione. Iniziate col graffiare tutte le antiaderenti con la paglietta di ferro, poi forzate il cassetto dei documenti e fate un po' di ordine a "modo vostro"; invitate gli amici fumatori a far baldoria sulla sua auto e, infine, reclutate un manipolo di punkabbestia (se ne trovano spesso vicino ai supermercati), portateli a casa, lasciategli le chiavi e uscite dalla porta.

Ascendente consigliato

Profiterole.

O un Mousse, o anche un Saint-Honoré. Basta che sia un dolce incline al disordine e alla mutevolezza, all'originalità e all'emotività, in modo da sbilanciare un po' il tombale equilibrio di Margherito.

Lo Strudel
Lo zitello probabilmente...

Lo Strudel, come la Sachertorte, raggiunse l'apice della sua fama nel glorioso Impero asburgico, tuttavia, mentre la seconda viaggiava superba sulle nobili tavole viennesi, lo Strudel cantava il suo jodel solitario sulle vette e tra le valli.

Tipico dolce contadino, da sfornare la domenica e nelle feste comandate, ma più povero della Sacher e della sfarzosa Foresta Nera, lo Strudel è più modesto persino del natalizio Zelten, a base di frutta secca e pesante come un fermaporta. Malgrado questa patente di povertà, fin dai tempi dell'Impero, lo Strudel esprime la fierezza e l'autenticità che di solito attribuiamo ai virili montanari, ai cacciatori solitari, ai guardaboschi taciturni delle fiabe... Sapete no? Cose tipo "la forte mano bruna", "il verde occhio di falco", le "spalle possenti" e così via.

Povere ragazze che siamo, sempre pronte a farci infinocchiare dagli archetipi fiabeschi! Abbiamo imparato a nostre spese che le leggende son fatte per essere sfatate e se è vero che dietro ogni principe si nasconde un rospo – o un lavativo – dobbiamo accettare che la fama dell'uomo Strudel vada quantomeno ridimensionata.

Dicono, per esempio, che sia leggero, ma l'esperienza insegna che un esemplare di dimensioni medie può raggiungere un peso specifico insospettato, tutto dipende da una serie di variabili relative al ripieno e al tipo di pasta scelto per impacchettarlo. Quanto alla genuinità, benché la ricetta originale preveda un involucro semplice – una sorta di pasta di pane appena zuccherata, a cui possono aggiungersi burro e uova – oggi, in barba alla tradizione, è facile imbattersi in Strudel di impudente pasta sfoglia. Per non parlare del ripieno! Il tradizionale pot-pourri a base di mele renette, pinoli, uva passa e cannella è spesso stravolto da aggiunte e varianti spericolate; passi per la promiscua compagnia delle pere e delle noci, ma l'amaretto sbriciolato, la confettura d'albicocche, le scaglie di cioccolato... di questo passo l'originale rischia di diventare una specie estinta. A ciò concorre pure la barbara usanza di ricoprire la superficie scabra e ruvida dello Strudel con la solita pioggia omologante di zucchero a velo. Ma di simili esemplari possiamo fare volentieri a meno, sulla tavola e nella vita. Che ce ne facciamo infatti di un montanaro fragile come una sfoglia e rivestito di conformismo, con un animo incerto e pasticciato? No-no, se Strudel deve essere che Strudel sia: rustico, permaloso e taciturno, ma generoso e colmo di dolci, purissimi segreti!

Forse. Le renette, è noto al mondo, sono le mele più volubili dell'universo ortofrutticolo. E quando irrancidiscono, non vi dico che sorpresa!

L'introverso

Si fa presto a dire chiuso. Troppo presto. Molte madri (e altrettanti insigni pedagoghi), sfortunatamente sprovviste delle più elementari nozioni di Tortomanzia, scambiano il piccolo Strudel per un Castagnaccio:♥ il bambino è altrettanto laconico, reticente, ostile alle effusioni e refrattario al dialogo, ma là dove il Castagnaccio si autoesilia in un mondo oscuro fatto di non-pensieri – o pensieri castagnacciosi, comprensibili solo ai suoi simili – il piccolo Strudel culla tra sé il suo prezioso ripieno, contempla le renette del suo spirito, canta lo jodel solitario della sua personalità. E mentre il Castagnaccio passa innocente per il mondo rimbalzando come una pallina di gomma, perso nella notte dei suoi vaghi

♥ Una nota psicopedagogica: lo Strudel non è il Castagnaccio. A differenza del Castagnaccio, la cui chiusura corrisponde come abbiamo spiegato a una sincera sordità, lo Strudel è predisposto al risentimento e al rancore. Tengo a chiarire questo concetto perché la confusione tra i due esemplari è un equivoco comune e gravido di conseguenze. Quando provate a incalzare il Castagnaccio ottenete solitamente una serie di grugniti spaesati: se troppo incalzato, il ragazzo di gomma va in confusione e fugge come una lepre. Il giovane Strudel al contrario, dopo una fiera resistenza, diventa un fiume in piena. È evidente allora che trattare lo Strudel con la cautela che si deve al Castagnaccio, credere di dover rispettare la sua naturale riservatezza è un errore clamoroso: lui scambierà il vostro tatto per disinteresse e anziché provare gratitudine coverà un rancido senso di amarezza.

pensieri, lo Strudel tace ma osserva e, piano piano, si riempie: un pinolo qua, un pezzetto di mela là, un acino di uva passa – poi si richiude nel suo scafandro di pasta e torna a far la parte del modesto. Dovete pensare a un bambino in bilico tra senso di inadeguatezza (è un dolce povero, lui!) e un amor proprio da titano: ansioso di arricchire il suo ripieno, ma determinato a farsi accettare per quel che sembra, ovvero un umile involtino di pasta. In realtà muore dalla voglia di farsi assaggiare, tuttavia orgoglioso com'è, preferisce esibire la corazza, fare il duro, il rustico, il prezioso. Insomma, sarà anche per insicurezza, ma ama farsi pregare. Comunque, adeguatamente lisciato, il piccolo Strudel può dare grandi soddisfazioni: alla famiglia, agli insegnanti e agli amici. È il ragazzino che aiuta in casa, che sorprende la maestra con grandinate di nozioni su argomenti insospettabili, che spiazza i compagni con gesti di generosità gratuita. Purtroppo, se si tralascia di sollecitarlo, il piccoletto si chiude nel torvo risentimento dei grandi permalosi. Il fatto è che, se non lo si stana, i suoi pensieri segreti tendono a irrancidire, proprio come accade alle renette del suo dolce gemello quando lo si dimentica in credenza.

L'ottimo intenditore

Si deve a questo strano carattere, a questa miscela di timidezza e orgoglio, riservatezza ed esibizionismo frustrato se Strudel diventa col tempo un collezionista di oggetti e saperi, o più semplicemente un conoscitore estremo del proprio settore.

Adora spiazzare, anzi direi che prova una soddisfazione venata di perfidia quando può, finalmente, mostrare di che pasta è fatto. Dapprima ti si presenta insignificante e dimesso, e poi *zac!*, ecco che ti snocciola competenze impressionanti sui più svariati settori dello scibile umano, come a dire: *pensavi che fossi fesso eh? E invece, guarda un po', ne so molto più di te!* Questo suo lato, più accentuato se cresce in un ambiente che non lo stimola e non lo comprende, ha comunque risvolti maniacali e mette a dura prova la pazienza di chi gli sta accanto. Bravo è bravo, ma quando ha l'occasione di dimostrarlo, sommerge l'uditorio con monologhi infiniti e se non si trova il modo di fermarlo può diventare terribilmente noioso. Tra tutti i segni dolciari è quello più predisposto all'ansia da prestazione: se sa una cosa deve squadernarla tutta, fino in fondo, dalla lista di tutti i calciatori di tutte le squadre di campionato alla Divina Commedia, compresi note e commenti. Se si infila in una polemica, in un dibattito, in una gara, non cede e non ammette sconfitte, possedendo la forza nervosa degli insicuri, la tenacia degli ambiziosi, la rigidità dei maschi in generale. Ma a differenza di un ambizioso tronfio come il Babà o di un politico calcolatore come il Sacher, lo Strudel alle proprie competenze si appassiona davvero. Se infatti, da principio, arricchisce il suo ripieno per irrobustirsi e progetta, nell'ombra oscura della crosta, di usare il suo sapere come un'arma di difesa contro un mondo da cui si sente escluso, all'alba della maturità il suo ripieno si amalgama, assume un carattere preciso: gli elementi eterogenei del suo essere si fondono in un'unica personalità.

Il solitario

A causa delle suddette caratteristiche, la vita lavorativa dello Strudel può rivelarsi colma di frustrazioni. È sempre più meritevole del Babà, più motivato del Saint-Honoré, più appassionato del Sacher, più onesto del Millefoglie, più competente del Budino, più consapevole del Mousse, più preciso del Profiterole, più affidabile dell'Île Flottante, più attento del Castagnaccio, più solido dello Sbrisolone, più fantasioso del Margherito e quindi emarginato o guardato con sospetto/dileggio/timore dai possibili competitori maschili. Vero è che può essere un guastafeste di proporzioni stratosferiche, soprattutto se isolato dai colleghi, ma il suo destino sociale è sommamente ingiusto. Lo Strudel lo sa, tuttavia, avendo imparato a far valere la passione sull'ambizione, si rassegna a lavorare in proprio o a vincere concorsi pubblici (là dove non siano truccati come capita in svariate parti del globo). Lo troviamo soprattutto tra gli artigiani (falegnami, intagliatori, orologiai), tra i tecnici (periti informatici, ingegneri, cineoperatori), tra gli insegnanti più esigenti, tra le guardie forestali e le guide alpine. È dunque evidente che la solitudine dello Strudel più che un'ambizione è una specie di scelta obbligata, una condizione che lo fa soffrire – quando non può aprirsi, lo sappiamo, irrancidisce – ma che ha poche alternative, vista la sua difficoltà a mediare con il prossimo e la vocazione polemica che lo contraddistingue.

Perché un Casalingo?

Approssimandoci ormai alla fine di questo manuale, avrete capito che i dolci casalinghi, nella vita di una donna, costituiscono spesso l'ultima spiaggia: l'approdo di una femmina stanca, decisa ad ancorarsi e mettere su famiglia. Una tale fantasia – perché di una fantasia si tratta – si fonda sugli eterni stereotipi del romanzo rosa. Chi di voi ha qualche consuetudine con questo genere di lettura, sa che l'eroina, di norma, si innamora di un adorabile mascalzone del genere Île Flottante, si fa invischiare da un affascinante indeciso alla Budino, si fa abbindolare da un Millefoglie, umiliare da un Babà, sfruttare da un Saint-Honoré... fino a quando, *all'improvviso*, si accorge del Margherito che la ama nell'ombra, dello Strudel che la venera in doloroso silenzio, del Castagnaccio della porta accanto, dello Sbrisolone che tutte le mattine beve il cappuccino nel suo stesso bar.♥

Ma anche chi non ha esperienza di romanzi rosa, giunta all'età critica di cui abbiamo parlato, si fa trascinare nell'equivoco e comincia a individuare i Casalinghi della sua cerchia, nella convinzione che tra i profumi rassicuranti del forno sia più probabile trovare un compagno affidabile. Ora, è innegabile che i Casalinghi, fatta eccezione per la Sbrisolona, abbiano un carattere più stabile dei loro confratelli, ma ciò non vuol dire che siano affidabili per forza.

♥ Questa è una variante. L'altra variante prevede una donna promessa sposa a un grigio Sacher o a un triste Margherito, che alla vigilia delle nozze incontra l'appassionato Profiterole o il fantasioso Mousse, destinati a stravolgere il suo destino.

Lo Strudel e l'amore

Prendiamo lo Strudel: stabile è stabile, ma altrettanto egocentrico e permaloso; benché, tra l'altro, passi per un dolce di montagna, cioè libero e amante dei grandi spazi, è portato a sequestrare la donna amata dentro il suo involto di pasta. Lui forse è convinto di proteggerla, ma rischia di soffocarla nella sua tenda ombrosa e di avvelenarla a forza di chiacchiere e ricerca di conferme. Comunque sia, se lei diviene una sua passione, lo Strudel si rivelerà un uomo romantico e premuroso: racconterà al mondo le qualità dell'amata e farà di lei un elemento chiave del proprio vivere. Sarà servizievole, quasi servile, adorante e trepidante, possessivo e persino geloso.

Questo, quando ama.

Ovvero raramente.

Molte volte, infatti, per quanto ci provi, il ragazzo è troppo arrotolato su se stesso per fare spazio a una femmina. Se lo prendete in tempo, quando ancora non ha fatto della solitudine una bandiera, cioè prima che diventi schiavo delle proprie passioni e delle proprie manie, forse vi farà entrare, altrimenti andrete a ingrossare la folta schiera di donne fidanzate a uno zitello.

Nota sulla zitellaggine

Togliamoci qualche sassolino dalla scarpa: la letteratura occidentale è colma di ritratti di zitelle. Acide o buone da far schifo, patetiche o perfide da far paura: invidiose, maldicenti, rancorose. Qualche volta insulse, scialbe, inutili fino alla trasparenza. Spesso grottesche in un'attesa romantica protratta fino alla vecchiaia. Sempre comunque ossessionate da riti, manie e routine con cui riempire un'esistenza che si presumeva vuota.

I maschi soli invece sono stati descritti come grandi mistici, misantropi pensosi, pastori in sintonia con la natura, folli straccioni ispirati da saggezze oscure o, se proprio, serial killer. È evidente: la letteratura e la cultura in generale dedicano ai celibi un rispetto reverenziale mentre noi, quando ci tocca sfangare la vita da sole, riceviamo al massimo patetiche sviolinate sul coraggio della nostra autonomia.

È ora di finirla: è ora di stanare gli zitelli che secoli di cultura ostile alle femmine hanno nascosto dietro la prosopopea del maschio solitario.

Sì, è ora.

E vi dirò io dove andarli a stanare gli zitelli che la letteratura e le arti non vogliono riconoscere. Essi vivono nel vostro letto, mangiano nelle vostre cucine, fanno pipì (e non centrano la tazza) nel vostro stesso bagno. E spesso, non dico sempre, ma spesso sono degli Strudel, ovvero maschi irrigiditi dalle proprie abitudini e assordati dal pulsare del proprio sangue, tanto da non avvertire il battito di un cuore altrui.

Mio marito lo zitello

Lo zitello vive solo. Ma io vivo con lui.

Lo zitello fa la spesa per sé. Credo sia così, anche se dividiamo i costi, perché ogni volta che io sono a dieta riempie il carrello di schifezze e quando mi tocca mettermi in forze acquista solo gambi di sedano.

Lo zitello pulisce casa come dice lui, visto che così gli insegnò sua madre, così ha sempre fatto e così sempre farà.

Lo zitello ha un'idea su tutto: corregge la radio, rimprovera la tv, ammonisce il quotidiano che tiene tra le mani.

Lo zitello va in vacanza da solo, anche se mi dà un passaggio e condividiamo la stessa stanza d'albergo.

Lo zitello, qualche volta, ha una moglie che gli serve come catino per il pediluvio, come tazza in cui vomitare i suoi rancori, come cuscino su cui spargere le sue lacrime di ansia.

Lo zitello, quando non deve esternare, torna single e io mi convinco di essere un fantasma. Il che per una sempre a dieta è un vantaggio: i fantasmi non hanno bisogno di mangiare nemmeno sedani per stare comodi in una taglia 40.

Pillole digestive

Qui giunte, mie gentili pulzelle, non ho più bisogno di dirvi nulla. Ormai sarete esperte, o almeno me lo auguro. Ma visto che non riesco proprio a congedarmi non farò che confermare un'ovvietà: se dovete beccarvi uno Strudel prendetelo ancora giovane, capace di accettare e assimilare stimoli e in grado di arrotolarvi nella coperta del suo ombroso tepore. Ascoltatemi, ve ne prego, è la voce dell'esperienza che vi parla.

Un saluto,

Vostro Fantasma taglia 40.

Vendetta tremenda vendetta

Poniamo che, accecate dal profumo di mele al forno, abbiate finito per accasarvi con uno Strudel Zitellissimo.

La sua indifferenza, il suo ego espanso e la sua totale mancanza di considerazione della vostra persona vi esauriscono. La sua precisione autistica, le sue lamentazioni, il suo bisogno di attenzione vi sfiniscono.

Vi consiglio, allora, di adottare una misura mista Mousse Margherito: da un lato scombinate le routine su cui edifica la sua esistenza da zitello, dall'altro friggete il suo ego nel sarcasmo.

Cominciate dunque con l'invadere i suoi preziosi spazi col caos più infernale: bande di nipotini assatanati, serate di danza popolare, orde di amiche caciarone. Invitate gente a cena all'ultimo momento e organizzategli una festa a sorpresa la sera in cui pregusta di vedersi in santa pace il derby. Abituatevi a cantare in casa e ad ascoltare musica house a volume spiegato. Imparate a suonare la grancassa.

Se, a questo punto, ancora non vi vede e continua a

considerarvi il catino del suoi pediluvi esistenziali, per una volta fategli trovare l'acqua a 80 gradi! E mentre è intento a soffiare sulle ustioni, scappate in vacanza. Una vacanza vera: una vacanza da zitella felice.

Ascendente consigliato

Naturalmente Mousse. Vero che si tratta di un altro segno incline al risentimento, ma un'influenza giocosa e aperta agli stimoli può opporsi con successo alla trasformazione in zitello che minaccia il destino di ogni Strudel.

Conclusioni

E Giorgio che torta è?
Davide è un Profiterole o un'Île Flottante?
Mio marito secondo te è una Mousse?

Calma ragazze. Non abbiate fretta di catalogare il vostro "materiale maschile": solo alcune di voi riusciranno a far coincidere mariti, fidanzati e amanti con un unico dessert. Difficile imbattersi in un Profiterole preciso sputato al ritratto che trovate in queste pagine, proprio come non incontrerete mai individui perfettamente sovrapponibili ai ritratti zodiacali o alle classificazioni psicologiche.

Ma a differenza dell'astrologia e della psicologia che, per le loro diagnosi, richiedono l'intervento di esperti, la Tortomanzia per assaggiare il presente e pregustare il futuro confida soltanto nella vostra immaginazione, nel vostro intuito, nella vostra lucidità. Siete voi, amiche, a tracciare il vostro oroscopo del cuore. *Siete voi le Pasticcere*. Dovete solo imparare a riconoscere i vari caratteri dolciari, a sovrapporli, ad accostarli fino a quando non vi troverete a comporre il ritratto del maschio che vi interessa. A quel punto, ogni iniziativa è in mano vostra, potete fuggire dalla cucina o decidere che vale la pena salvare il dessert, solo, mi raccomando, non fatevi confondere dagli stordenti profumi dell'amore. Conosco donne che per un sentore di vaniglia sono rimaste intrappolate a vita in una torre di pan di spagna.

Non fatevi confondere, d'accordo, ma nemmeno *fatevi prendere la mano*: state attente al delirio di onnipotenza della creazione e non abusate mai dei vostri strumenti di lavoro. Ricorrete, cioè, al grill del sarcasmo solo in casi necessari; non esagerate col frullatore della recriminazione; evitate il freezer del risentimento; limitate le teglie della gelosia e dell'autoritarismo; non infierite con la spatola dei giudizi; controllate lo sminuzzatore della petulanza; non approfittate del bagnomaria dell'indecisione e sorvegliate la temperatura della passione.

Solo l'equilibrio e un tantino di umiltà tengono in vita l'arte, l'amore e la pasticceria.

Appendice

E passiamo ora a elencare una serie di stereotipi maschili di cui non avete trovato menzione in queste pagine. Non perché gli uomini siano alieni da tali caratteristiche ma perché certe caratteristiche sono comuni a molti uomini. Ecco allora in ordine sparso in quali torte si nascondono i vizi maschili più comuni e diffusi.

Il Cavalier servente: Saint-Honoré con femmina rapace. Strudel giovane. Profiterole innamorato. Budino con voglia di innamorarsi.

Il Maschio Tipico (calcio, sesso, auto e pastasciutta): Torte confezionate non menzionate in questo libro. Margherito con bisogno di accettazione. Castagnaccio al bar per mimetizzarsi meglio. Millefoglie di nascosto.

Il Saccente: Millefoglie, Babà, Margherito, Strudel.

Il Seduttore mordi e fuggi: Millefoglie, Île Flottante. Babà ci prova ma più che un seduttore pare una provola.

L'Erotomane: Sacher, Babà, Millefoglie in andropausa.

Il Mammone: Saint-Honoré, Babà, Budino, Margherito, Strudel.

L'Indolente: Saint-Honoré, Île Flottante, Budino, Mousse depresso, Castagnaccio (ma solo per i lavori domestici).

Il Codardo: Saint-Honoré, Sacher, Millefoglie, Babà, Île Flottante, Budino, Sbrisolone, Strudel.

L'Elegantone damerino: Saint-Honoré (dopo che l'avete rinfarcito), Mousse, Budino.

Il Silenzioso compiaciuto: Sacher, Strudel.

Il Sussiegoso pieno di sé: Sacher, Babà dimagrito, Mousse che recita una parte.

L'Artista dolente e svagato: Saint-Honoré dopo la prima batosta, Profiterole con tratti di budineria, Mousse in fase calante. Strudel in fase di riconoscimento sociale.

Il Simpaticone spara battute: Ciambellone non menzionato, se non in una nota, in questo libro. Profiterole, Margherito ravvivato dal vostro amore.

Il Lunatico: Saint-Honoré, Millefoglie, Babà, Île Flottante, Mousse, Budino, Sbrisolone.

Il Carismatico, convinto del proprio ascendente: Sacher, Millefoglie, Babà ci prova ma ha l'appeal di uno zucchino, Mousse in stato di grazia, Profiterole con scarsa convinzione, Île Flottante ma solo con le donne.

Il Polemico: Millefoglie, Babà, Mousse se contrariato, Margherito Impignolito, Strudel.

Il Prepotente aggressivo: Torte confezionate non menzionate in questo libro, Babà, Profiterole incattivito, Strudel provocato.

L'Ipocondriaco: Saint-Honoré in fase depressiva, Millefoglie, Mousse in fase calante, Budino, Sbrisolone.